U0085391

世紀人物100

正氣永存

文天祥

文淑菁 著

三民書局

獻給孩子們的禮物

主編的話

世界上最幸福的孩子，是他們一出生就有機會接近故事書，想想看，那些書中的人物，不論古今中外都來到了眼前，與他們相識，不僅分享了各個人物生活中的點滴，孩子們的想像力也隨著書中的故事情節飛翔。

不論世界如何演變，科技如何發達，孩子一世幸福的起源，仍然來自於父母的影響，如果每一個孩子都能從小在父母親的懷抱中，傾聽故事，共享閱讀之樂，長大後養成了閱讀習慣，這將是一生中享用不盡的財富。

三民書局的劉振強董事長，想必也是一位深信讀書是人生最大財富的人，在讀書人口往下滑落的多元化時代，他仍然堅信讀書的重要，近年來，更不計成本，連續出版了特別為孩子們策劃的兒童文學叢書，從「文學家」、「藝術家」、「音樂家」、「影響世界的人」系列到「童話小天地」、「第一次」系列，至今已出版了近百本，這僅是由筆者主編出版的部分叢書而已，若包括其他兒童詩集及套書，三民書局已出版不下千百種的兒童讀物。

劉董事長也時常感念著，在他困苦貧窮的青少年時期，是書使他堅強向上，在社會普遍困苦，而生活簡陋的年代，也是書成了他最好的良伴，他希望在他的有生之年，分享這份資產，讓下一代可以充分使用，讓親子共讀的親情，源遠流長。

「世紀人物 100」系列早就在他的關切中構思著，希望能出版

孩子們喜歡而且一生難忘的好書。近年來筆者放下一切寫作，接下這份主編重任，並結合海內外有心兒童文學的作者共同為下一代效力，正是感動於劉董事長致力文化大業的真誠之心，更欣喜許多志同道合的朋友，能與我一起為孩子們寫書。

「世紀人物100」系列規劃出版一百位人物故事，中外各占五十人，包括了在歷史上有關文學、藝術、人文、政治與科學等各行各業有貢獻的人物故事，邀請國內外兒童文學領域專業的學者、作家同心協力編寫，費時多年，分梯次出版。在越來越多元化的世界中，每個人都有各自的才華與潛力，每個朝代也都有其可歌可泣的故事，但是在故事背後所具有的一個共同點，就是每個傳主在困苦中不屈不撓，令人難忘的經歷，這些經歷經由各作者用心博覽有關資料，再三推敲求證，再以文學之筆，寫出了有趣而感人的故事。

西諺有云：「世界因有各式各樣不同的人群，才更加多采多姿。」這套書就是以「人」的故事為主旨，不刻意美化傳主，以每一位傳主的生活經歷為主軸，深入描寫他們成長的環境、家庭教育與童年生活，深入探索是什麼因素造成了他們與眾不同？是什麼力量驅動了他們鍥而不捨的毅力？以日常生活中的小故事，

來描繪出這些人物，為什麼能使夢想成真。為了引起小讀者的興趣，特別著重在各傳主的童年生活描述，希望能引起共鳴。尤其在閱讀這些作品時，能於心領神會中得到靈感。

　　和一般從外文翻譯出來的偉人傳記所不同的是，此套書的特色是，由熟悉兒童文學又關心教育的作者用心收集資料，用有趣的故事，融入知識，並以文學之筆，深入淺出寫出適合小朋友與大朋友閱讀的人物傳記。在探討每位人物的內在心理因素之餘，也希望讀者從閱讀中，能激勵出個人內在的潛力和夢想。我相信每個孩子在年少時都會發呆做夢，在他們發呆和做夢的同時，書是他們最私密的好友，在閱讀中，沒有批判和譏諷，卻可隨書中的主人翁，海闊天空一起遨遊，或狂想或計畫，而成為心靈知交，不僅留下年少時，從閱讀中得到的神交良伴（一個回憶），如果能兩代共讀，讀後一起討論，綿綿相傳，留下共同回憶，何嘗不是一幅幸福的親子圖？

　　2006 年，我們升格成為祖字輩，有一位朋友提了滿滿兩袋的童書相送，一袋給新科父母，一袋給我們。老友是美國國家科學院院士，曾擔任過全美閱讀評估諮議委員，也是一位慈愛的好爺爺，深信閱讀對人生的重要。他很感性的說：「不要以為娃娃

聽不懂故事，我的孫兒們一出生就聽我們唸故事書，長大後不僅愛讀書而且想像力豐富，尤其是文字表達能力特別強。」我完全同意，並欣然接受那兩袋最珍貴的禮物。

因為我們同樣都是愛讀書、也深得讀書之樂的人。

謹以此套「世紀人物 100」叢書送給所有愛讀書的孩子和家庭，以及我們的孫兒——石開文，他們都是世界上最幸福的孩子，因為從小有書為伴，與愛同行。

文天祥這號人物，雖然從小就常聽父親掛在嘴邊，但那時年紀幼小，對於他的事蹟總當故事聽聽就算，民族大義什麼的，對我而言只是遙遠而深奧的名詞，因此，這個名字從未深刻鑄於心版。

真正對他留下深刻印象，是國中時的國文課堂上。那時教到一課胡廣寫的〈文天祥從容就義〉，簡短記敘了文天祥寧死不屈，最後從容就義的經過，文末記載了文天祥臨刑前的絕筆自贊詞：「孔曰成仁，孟曰取義；惟其義盡，所以仁至。讀聖賢書，所學何事？而今而後，庶幾無愧！」由這段文字，可看出聖賢之仁義大道，非但是文天祥畢生所學，更是其傾一生之力奉行不輟的，這樣的凜然大義，

果真無愧於心、無愧於天地！即使當時我正處於似懂非懂的年紀，也為這驚天動地的磅礴正氣感動不已。這絕筆自贊詞自那時起便牢牢記於心中，從未忘懷。

到了中學，讀到文天祥的〈正氣歌〉，當時這是老師規定要背誦的篇章，即使我對文天祥已深有好感，但在背誦〈正氣歌〉時，亦不免

覺得詰屈聱牙、苦不堪言。然而，經過老師的講解後，再細細咀嚼其中文意，這才恍然有了些許體悟。我最喜愛的是末尾四句：「哲人日已遠，典型在夙昔。風簷展書讀，古道照顏色。」文天祥寫這些話，是要以遠去的先賢為典範來勉勵自己，但我在閱讀到此段話的同時，卻深深感覺到：文天祥的正氣、大義，正從展開的書頁中綻放出柔潤綿長的光芒，充滿了四周，並輝映於古今。

那種感到「古道」閃耀、令人頓生虔敬之心的感覺，對我而言，實在是一次奇特美麗又難以言喻的經驗。

　　古今人物中，讓我有這種「觸電」般感動的人並不多。也許是自己也姓文吧，潛意識裡總感覺傳承了那樣的血液，對文天祥的感動竟像靈魂附體一般，從此烙印於心中，揮散不去。

　　今天，有這個機會為文天祥寫作傳記，心中有一股極大的想望，便是想把當時那種觸電般的感動藉此傳續下去。當然，為文天祥作傳的不乏其人，但是，有這個榮耀擔任此項工作，對我而言，不僅是一個責任，更是心願的實現。

　　寫作的過程中，最令人感到辛苦的是，在閱讀史書的記載時，會發現，文天祥的一生幾乎是「屢戰屢敗」，進而又「屢敗屢戰」，雖然也有幾次勝利的戰役，但勝利的希望總難敵艱險的環境；而看到南宋朝廷由統治大半中原，而後流亡於邊疆、海上，最後終於覆亡，隨著南宋朝廷的每況愈下，心情也愈發沉重，不忍卒讀。那是

一個朝代的淪亡，那是怎樣的一種沉痛！

　　作為後世的讀者尚且有如此心情，就更令人佩服文天祥堅毅不屈的情操了。作為一個動亂時代的中流砥柱，做的是力挽狂瀾的事業，需要多麼堅強的意志及多麼偉大的節操，才能在艱困中支撐到最後！即使最後的結果是失敗，他高尚的人格仍使其屹立不搖！

　　大時代下的傷痛、無奈、忠義、氣節，都得親自陪文天祥走完一遭才能體會。這一路，勢必走得艱險、走得辛苦；然而，我親愛的讀者們，你是否願意與我一起，陪文天祥走這一遭呢？

寫書的人

文淑菁

　　國立師範大學國文系畢業、國文研究所碩士，現任國中國文教師。

　　小時候的文淑菁，除了愛聽故事外，更是個說故事的高手。少年時總想著，要記錄下生活中的感觸，留存並傳揚世間的美麗。就這樣，高中時迷上了電影，大學時愛上了戲劇。然而不論是何種型式的藝術，總離不開對「人物」的關注。

　　為人物寫傳記，是她首次新鮮而大膽的嘗試，有著躍躍欲試的興奮，更多的是誠懇敬慎的心意。希望與小讀者分享的不僅是「讀書」的樂趣，更是「讀人」的體悟。

正氣永存

文天祥

目次

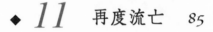

世紀人物 100

文天祥

1236～1282

1 引　子

　　星期五下午，下課鐘才打過，放學的學生潮水似的湧出了學校大門。筱芳剛跟死黨家欣說完再見，跨上自己心愛的腳踏車準備回家。前天和昨天是學校段考的日子，才剛考完呢，今天就發了兩張考卷。「真是的，老師沒事改那麼快做什麼！」心裡雖然這樣抱怨著，但是，發下來的國語和社會都考得還不錯，接下來又是週休二日，看來可以回家跟爸媽拗個二日旅遊囉！想到這裡，踩在腳踏板上的雙腳不由得輕快起來。

　　去哪兒玩好呢？筱芳一邊騎車，一邊歪著頭在想。剛才老師在課堂上提到了花蓮的天祥和太魯閣，說那裡有奇偉的峭壁和天然形成的峽谷，「真是鬼斧神工

啊！」老師這麼讚嘆著。「嗯，去花蓮玩好了！回家跟媽媽說說看。」筱芳心想。剛考完試，心情難得的輕鬆，吹在臉上的風也覺得特別涼爽呢！

進了門，阿姨和表姐正在家裡作客。念大學的表姐，不但人長得漂亮功課又好，是筱芳從小崇拜的偶像。「姐！妳來啦！」筱芳連書包都來不及放下便衝去表姐身旁。

「筱芳啊！別像個猴子似的。這次的段考考得怎麼樣？」媽媽果然是媽媽，怎麼都不會忘記學校的段考呢？

「嗯，還可以啦！發了兩科，國語和社會，一科九十四，一科九十六。」媽媽聽了成績，臉上雖沒表情，但卻不再說話了，顯然還算滿意。筱芳打鐵趁熱，趕緊湊上身子撒嬌：「媽，趁我考完試，阿姨又來家裡作客，我們

一塊兒出去玩吧！我想去花蓮！」

「這孩子，一考完試就想著玩。」媽媽嘴裡抱怨著，臉上卻帶著笑意。

「可不是嗎？小孩子都一個樣兒！」阿姨也笑了。

第二天，坐了好久的火車，終於來到了花蓮。進入太魯閣峽谷後，雖然一路顛簸，但果然跟老師說的一模一樣，真是鬼斧神工！筱芳臉上堆滿驚奇與喜悅。

「接下來，要到天祥。」表姐翻著地圖說。

筱芳問道：「天祥？那裡有什麼好玩的？」

表姐翻開旅遊手冊，「嗯，有幾個小公園還有寺廟可以去走走……咦，還有個文天祥的雕塑在那兒呢！」表姐像是發現了新大陸，突然驚喜的說。

「文天祥？他是不是民族英雄啊？老師上課好像有講過喲

……」筱芳努力的回想。

「走！我們去看看！」表姐興奮得拉住筱芳的手，三步併作兩步的找到那個小公園。

「姐，怎麼都沒什麼人來啊？」爬了好多階梯，總算找到了文天祥的塑像。褐黃色的銅像看起來年代頗為久遠，兀自孤零零的矗立在這個小山坡上。階梯上到處都是枯黃的落葉，似乎沒什麼人來造訪、維護。黃銅塑像的後面，是一片刻滿了字的牆壁，表姐開始誦念上面的字句：「天地有正氣，雜然賦流形，下則為河嶽，上則為日星……」表姐念了幾句，轉過頭來對筱芳道：「筱芳，這篇古文叫做〈正氣歌〉，是文天祥非常有名的文章，妳跟著我念念，寫得真好呢！」

筱芳跟著念了幾句，忽然想起什麼，大聲道：「姐，我想起來了，我們老師有說過，他是著名

的抗元英雄哦！後來宋朝亡了，元世祖忽必烈要招降他、給他大官做，他還寧死不從呢！」講到這兒，筱芳不由得對眼前的塑像生出一股敬意，也對這個歷史上著名的偉人湧起了好奇心。

「姐，文天祥好像還是狀元出身喔？是嗎？」筱芳不是很確定。表姐正專心的讀著牆壁上刻的〈正氣歌〉，似乎出神了。

「姐——妳知道文天祥的故事吧？講給我聽嘛！」筱芳拉長了音調，再次要求。

表姐回過神來，「文天祥的故事？這可長了。」

筱芳趕忙裝出一副乖模樣說：「沒關係啦，我要聽！」

表姐稍微整理了一下腦中的思緒，嘆了一口氣，這才悠悠的道：「這得先從那個年代說起呢……」

2 戰火連綿的時代

　　北宋靖康元年，北方金人入侵，攻陷北宋首都汴京，大肆燒殺劫掠，並且擄走了徽宗、欽宗皇帝父子，這便是著名的「靖康之難」。宋人不敵金兵，南遷撤守至淮水以南，北方被金人占據，北宋一朝宣告滅亡。其後，宋高宗趙構在臨安重建政權，開啟了南宋一代。

　　廣大的中原土地上，被金人占領的北方是鐵蹄陣陣、烽煙四起，被統治的漢人則是處處驚心、人人膽戰，在金人的欺凌下小心翼翼的過日子。而南宋所在的南方呢？江南地區，氣候溫暖、地多水澤、女子婀娜，是個如同柳樹般溫軟，物產豐富的膏壤之地，高宗偏安江南後，習慣了江南的風土人情，漸漸的，想

收復北方失土的心也淡了……

　　然而，收復北方失地一直是南宋愛國志士的心願，由於朝廷缺乏強烈的決心，即使展開屢次北伐的行動，但皆告失敗*，宋、金持續對峙。南宋寧宗時候，金國國力逐漸衰微，北邊的蒙古族又在此時崛起，日漸強大的蒙古軍為擴充版圖，大舉南侵金朝，金軍節節敗退，並同時遭受南宋與西夏的夾擊。宋理宗時候，南宋實行「聯蒙滅金」政策，此舉雖使南宋免去了金朝南

放大鏡

＊像著名的英雄岳飛，就是南宋的抗金將領，可惜後來被奸臣秦檜所害。宋高宗時候，岳飛便是極力主張「收復中原」的將領，他英勇神武，帶出來的「岳家軍」軍律謹嚴，在當時令金人聞風喪膽呢！金人怕岳家軍，只好收買奸臣秦檜，送給秦檜很多金銀財寶，希望秦檜勸說高宗皇帝談和。高宗皇帝本來就不想收復失土，並接回被擄走的徽、欽二帝（因為徽、欽二帝回來，高宗就沒皇帝做啦！）於是便聽信了秦檜的讒言，下了十二道金牌命令岳飛退兵。岳飛還因為被控「通敵叛國」的罪名，鋃鐺入獄，一代忠臣名將，就此含冤死在獄中。「主戰」、「主和」一直是南宋搖擺不定的政策，岳飛便是皇帝主戰卻意志不堅下的犧牲品呢！

侵之憂，卻引來了更強大的敵人
——蒙古汗國——在邊境虎視眈
眈。於是理宗時候，南宋由原本
的抗金，演變成抵抗蒙古的局
勢。

　民族英雄文天祥，便誕生於
這外患頻仍、內憂不斷的時代。

3 二十一歲的狀元郎

　　宋理宗寶祐四年（1256年），南宋的臨安城內，人潮熙來攘往，城中心的市集中，叫賣的、賣藝的、說唱的……好不熱鬧。今年適逢「大比」*之年，京城裡多了許多前來參加科舉的書生，文天祥和他的弟弟文璧剛辦完「驗牒」*的手續，順道在試場外買了一些卷紙及「御試須知」等應試準備用品，讀書讀累了出來透口氣，打算邊閒逛、邊散步返回歇息的客棧。再過兩天便是大舉的日子，文璧臉上透露著興奮，文天祥則氣度穩重，神色跟平日沒什麼分別，似乎完全沒受到大

放大鏡

*大比　三年才舉行一次的科舉考試，有如今日的國家考試，對古代讀書人來說，是最重要不過的事了！
*驗牒　檢驗一些應考的證件，以確認考生的身分。

10

考的影響。「我們還是早些回去吧！父親還等著我們呢！他老人家滿心期盼著咱們兄弟倆能一舉高中，將來好做官以扶持朝政。我們切不可讓他失望才好。」文天祥說著，清瘦的臉龐，一談到與國家相關之事時，目光便陡的矍然有神起來，這使得文璧也不敢再多言，兩人便加緊腳步回到投宿的客棧。

文天祥的父親文儀，雖未考取過功名，但卻十分好學，嗜喜藏書、閱讀，平日在親友與鄉里間，便以樂善好施聞名，佃戶繳不起租稅從不追討，親友有急難之事，也常解囊相助。但是文家只是平民老百姓，文儀與妻子曾氏兩家族都沒有人擔任官職，雖有些微薄家產，也僅能度日餬口而已。文儀自奉甚儉，但對於助人、買書，以及替兒子延聘教師這些花費卻從不吝嗇。雖然有時

還須典當衣物才能買到心愛的書籍，文儀亦樂此不疲。也就是在這種家庭教育之下，文天祥雖沒有顯赫的家世，卻從小飽讀詩書，並能寫得一手好文章。

「就要應試了！」深夜裡，文天祥反覆背誦著文章，腦海中卻浮出了家中請不起老師之後，由父親親自執教的每個苦讀的畫面。每次新買了一本書，父親總是先教給他，讓他熟讀後再教給弟弟們。偶爾文天祥偷懶，父親的臉色便登時嚴屬起來。父親常這樣教誨著:「文章不只要求暢達通順，更要寫得有風骨、有正氣。」小小文天祥，在八歲時便立志要效法鄉里先賢歐陽脩、胡銓等以忠孝節義著稱的前賢了。文天祥在家裡跟著父親讀書到二十歲，才進入盧陵的白鷺洲書院繼續攻書，在那裡結識了一位志同道合的老師歐陽守道。「做學問

不是講虛話，必定要有益於時用才行。」歐陽守道要求讀書必「有益於時用」的教誨，也深植於文天祥的心中。想到父親與老師的訓誨，再想到宋朝目前朝政混亂的情況，「要是這次順利考取，必定盡力報效朝廷，好好為百姓做點事情！」深夜裡，文天祥終於闔上雙眼入睡了。

二月初一，報喜的人來到門上，禮部放榜了，文天祥與弟弟文璧同登榜上！可以一起進入由皇帝親自主持的「殿試」。

殿試前，文天祥卻病了一場，泄肚子泄得腦袋昏昏沉沉的。強撐著身子坐上催來的轎子來到皇宮門前，顛顛巍巍的進入雕飾精工的朱紅大門，在廣闊的大道上等待著皇帝駕臨宣召。

理宗皇帝終於臨殿，考生們魚貫進入「集英殿」中，由引試的官員帶領到自己的位置。打開

卷紙，題目從無極、太極問到當前的國家大事。國家當前的問題究竟該如何因應？這是文天祥老早便縈繞於心的，於是提起筆來有如江水洩洪般，盡情傾吐自己滿懷的抱負與理念，洋洋灑灑寫了一萬多字，連草稿都沒打呢。寫完應試的文章，像是完成了多年的心願，文天祥心中突然輕鬆起來，原本帶病的身子，竟在一日之內好了起來。反倒是陪著來應考的父親，卻突然病倒了。

　　五月二十四日，是唱名放榜的大日子。主考官將已評定過的卷子送給皇帝過目，再由皇帝親自點出今年的新科狀元。大殿上，理宗皇帝捻著鬍子，一本一本的讀著，最後將第七本卷子抽出來，壓在其他卷子上面，評為首選。當時的主考官王應麟讀了卷子，立即叩首向理宗說道：「這本卷子陳述古法足可作為良鑑，

且展現一片鐵石忠心，臣下賀喜皇上得到這麼一位優秀的人才。」皇帝欽點已畢，此時等候的是拆開彌封的卷子，瞧瞧究竟誰是今年的狀元。這是天下讀書人最緊張的時刻，也是最光榮的一刻。

主考官王應麟拆看了彌封的姓名，朗聲道：「文天祥。」

殿前衛士群體跟著高聲唱道：「文天祥。」一聲聲響亮如雷的呼聲陣陣傳來。

文天祥由進士群中走出，站定。

殿上發問：「原籍何處？」「江西、盧陵縣、富川鎮。」

「父親的姓名字號？」「父親名儀，字士表。」

確認了狀元的身分，宋理宗微笑的打量著由自己欽點的狀元郎，是個身材高大，面目白皙，眉目清秀的青年，翻看手上的資料，「才二十一歲，正是大有可

為的年紀。」理宗不禁流露出滿意之色，臉上始終帶著微笑。接下來「榜眼」、「探花」陸續唱出……唱名結束後，理宗皇帝一聲令下：「賜宴吧！大家都辛苦了。」文天祥退到一旁，趁著皇帝退殿時，終於敢抬頭仰望這位欽賜他狀元的皇帝老爺，「讀了這麼多年書，終於有機會報效國家了！」天下讀書人最期盼的榮耀降臨在自己身上，文天祥感遇之情溢於言表。＊

得中狀元後，文天祥必須在指定的「狀元局」內暫住，結識同榜登中進士的朋友，並學習一些官場的禮儀。才過了一個晚上，第二天清早，弟弟文璧氣喘吁吁的叩門，帶來了不幸的消息

＊這次的考試，文天祥順利的榮登狀元，但一起去考試的弟弟文璧，並沒有通過同年的殿試，三年後才再赴考場，中選為進士。

——父親病情加劇。孝親至極的文天祥想到，從小到大，父親辛勞的養育、教誨著家中的子弟，而今自己總算得中狀元，完成了父親的心願，可以光耀門楣了，不正該是一家人歡笑同聚的時刻嗎？現在，父親為了兄弟兩人，不顧自己年紀已大、氣血已衰，硬是長途跋涉陪著兒子應考，竟因而成病，想到此，文天祥眼淚立即湧上眼眶，等不及批假核准，便趕回客棧去了。然而文天祥的孝順卻喚不回父親，在文天祥得中狀元後的第四日，老父捱不過病痛的煎熬，病逝於臨安客舍。

本來，文天祥剛中狀元，理應立即走馬上任。但在古代，父母至親逝世，都必須服喪三年，這三年內亦不得出任官職。孝順的文天祥當然不會為了官職便壞了守喪的禮數，立刻收拾行李回

家鄉服喪。文天祥這一次回家鄉守喪，便是三年沒有出仕。而這三年，蒙古侵宋的計畫正如火如荼的進行中。

4 初生之犢不畏虎

寶祐六年，蒙古大汗蒙哥兵分數路，南下進攻，理宗寵信宦官董宋臣，朝政混亂敗壞，竟讓蒙軍渡過淮河，打到鄂州來了！鄂州是軍事要地，理宗緊張了，起用賈貴妃的弟弟賈似道，拜為丞相，並命他督守鄂州。

賈似道卻是個貪生怕死之輩，只盤算著個人的富貴性命，完全不以大宋朝江山為念，因此一來到鄂州，吃了幾場敗仗後，便再也無心戀戰，只想求和。軍情吃緊的同時，恰好蒙古大汗蒙哥病死，蒙古內部為爭奪政權起了內鬨，忽必烈一心北歸；照理來說，應該可以利用蒙軍內亂的時機好好拚搏一番，不過賈似道因心中只想著乞和，反而認為蒙軍內亂有助於議和，於是施展兩

面手法，一方面以蒙軍強悍、軍情危急謊報朝廷，恐嚇理宗與眾大臣，一方面則派了宋京前去跟攻打鄂州的元軍主帥忽必烈講和，表明宋朝願稱臣納貢。

鄂州吃緊的軍情傳到了京師，京師便分成主戰及主和兩派，有人主張力守鄂州，但是宦官董宋臣為了自己的身家性命，提議遷都。正當京師內部為了主戰與主和吵鬧不休之時，賈似道向蒙軍提出求和的條件為「以長江為界，歲奉銀絹各二十萬」，也不管這議和的條件是否有損國體、有沒有得到朝廷的允許，只要忽必烈肯撤兵，他便可以報功請賞。忽必烈此時正急欲北歸處理內亂，賈似道乞和之舉正中忽必烈下懷，於是忽必烈便答應撤兵了。

忽必烈撤兵的消息一傳到賈似道耳裡，他立即厚顏無恥的送

捷報至京師，謊報：「我軍英勇，三路皆大勝，忽必烈大敗，已退回北方，鄂州之圍解除了。」賈似道對私自乞和之事一字不提，還虛報自己連戰皆捷，大展神威趕走了蒙軍，更荒謬的是，理宗始終被矇在鼓裡，還認為賈似道退兵有功，拜為右丞相，加封「太子太師」頭銜。

朝廷內外均有奸臣把持，軍事、政局混亂到如此地步，眼看亡國之禍就在眼前了，此時文天祥在哪裡呢？

開慶元年（1259年），文天祥服喪期滿，帶著弟弟再次應考，並補行「門謝禮」*。弟弟文璧這次倒是爭氣的順利考取了進士，文天祥同時在京師等待朝廷授官的

放大鏡

＊門謝禮　狀元領著同榜進士至宮門謝恩的一種禮儀。文天祥中狀元後不久，便遭父喪，因此沒來得及行門謝禮就回鄉了，所以需要補行，朝廷才能授官給他。

旨意。在京師的這段日子，朝廷內部正為了鄂州之圍人心惶惶，百官們眾說紛紜，朝廷內主戰、主和兩派爭執不下，政情陷入膠著，皇帝只好下詔求言，希望徵得有識之士，提出解決之道。文天祥便寫了一篇萬言書上呈，乞求「將提議遷都之人斬首」以穩定人心，並應「建立方鎮軍守制度以鞏固邊防」。

文天祥此時不過是才剛要出來做官的年輕小伙子，一般人此時趕著到處逢迎巴結都來不及，他卻膽敢乞斬提議遷都的得勢宦官董宋臣，展現了初生之犢不畏虎的絕大勇氣，他一片為國、絲毫不考慮自己利益的赤膽忠心，在此時便顯露無遺了，他不畏強權的義舉，也襯顯出其他大臣的趨炎附勢、軟弱無用。可惜，當賈似道虛假的鄂州捷報一傳來，這嘔心瀝血寫出來的萬言書便再

也無人理會了。文天祥的仕官之路，倒是因得罪了權貴奸臣而走上了坎坷之途，朝中的惡勢力不肯讓他留在京師，於是他被排出京城，出任江西的地方官。

5 奸相禍國，
文天祥再度離京

　　話說忽必烈率兵退回北方，肅清內亂後，忙著重新整頓蒙古內部的權力分配，一時間抽不出身再舉兵南下，便派了使者郝經前來詳談之前議和的條件。賈似道一聽到郝經前來，深怕自己虛報的謊言被拆穿，趕忙派人半路攔截蒙古使者團，並加以扣留在真州城內。京師臨安，還籠罩在一片太平的假象中，賈似道甚至還在西湖畔為自己建了一座行館，命名為「半閒堂」，表示國家太平和樂，沒有緊要的軍國大事需要處理，自己這個做丞相的，已經可以偷閒養生啦！

　　賈似道的卑鄙行為還不止於此。景定五年（1264年），理宗駕崩，太子即位為度宗，賈似道故意在此時要求辭去相位，並指使人謊

報蒙軍攻打湖北的下沱，接報後滿朝驚駭，不知所措的度宗，與母親謝太后趕忙下詔請賈似道回到臨安處理政事，一連派了八次官員迎請賈似道，賈似道這才悠悠的表示願意回到臨安。度宗咸淳三年（1267年），他又故技重施，宣稱自己年紀老大，要辭官歸養，度宗一日遣使十數次來到賈府挽留，並准許他三日才上一次朝，又加授他「平章軍國重事」的官位。咸淳五年，賈似道又稱疾求去，度宗甚至流著眼淚哀求，再准許他六日上朝一次。咸淳六年，度宗再允許賈似道上朝可以不行臣子跪拜之禮。度宗像是賈似道手裡把玩的小白鼠，被一再重複的花招唬得一楞一楞的，南宋的朝政也在禍國的奸相操弄之下，繼續在風雨飄搖中粉飾太平。

咸淳六年，文天祥終於被調

回京師，擔任負責起草詔書的「學士院權直」，雖然權力不大，但總算有了伸展抱負的機會，然而正直不阿如他，沒多久就又丟官了。因為不久賈似道又使出同樣的伎倆——稱病辭職來要脅度宗，硬要辭去「平章軍國重事」的職務。度宗急了，立即命令承辦文書的官員趕緊草擬一份詔書來挽留賈似道。

草擬詔書的差事來到文天祥手上，一想到賈似道意圖要脅皇上的卑劣行為，文天祥便咬牙切齒，哪裡還肯寫挽留的詔書？但是上頭這樣交代下來，即使有千百個不願意，還是得硬著頭皮寫，但是文天祥不肯卑微的懇求賈似道留下來，反而寫道：「……大臣應以國家安危為重，國家利益當前，哪有餘力顧及自身的性命？更何況丞相才五十餘歲，正值壯年，怎麼可以以生病為由來

辭官呢？因此丞相提出辭官的請求，是不應當准許的啊！」不但不如賈似道的預期加以慰問勸留，反而藉著詔書將賈似道訓斥了一番。然而，這份草擬的詔書還沒來得及給皇帝過目，就已經被賈似道探得內容大概了。對賈似道來說，辭職只是虛晃一招，目的是在要脅度宗，怎麼可能接受這樣的「責斥詔書」呢？於是賈似道私下命人另擬一份合於自己意思的「慰留詔書」，再送給皇帝簽名，而懦弱的度宗深怕賈似道真的辭職，便駁回文天祥寫的那份，採用了另一份詔書。

　　奸臣當道，皇帝又不明是非，竟採用了另一份「懇求」賈似道留下來的詔書，而將自己的稿子批回，文天祥除了氣憤，更多的是傷心，傷心度宗沒識破賈似道卑鄙的真面目，反而被其操縱，傷心國家朝政一日比一日荒

唐……沮喪的文天祥決定掛冠求去＊，而賈似道一方面假惺惺的慰留文天祥：「只不過是文書這樣的小事，何必因此而辭官呢？」一方面又令人上奏彈劾文天祥：「連草擬詔書這樣的小差事都做不好，留著他又有何用？」文天祥才剛提出辭官的請求，準備收拾行李離開京城，同時，朝廷給他的「免職令」也一下來了。

　　北方的情勢呢？忽必烈已在燕京即位成了皇帝。他見派去的使者久久不歸，再三遣使前去詢問亦沒有消息，不免動起肝火來了。咸淳四年，忽必烈以阿求及漢人劉整為將帥，率領蒙古大

放大鏡

＊在古代，賢明的君主在位時，負責擬稿的「學士院權直」若沒有一定的學養是不能出任的，皇帝也會賦予他相當的尊重與禮遇，通常是「學士院權直」擬了稿，皇帝簽名即發詔，幾乎不改動任何一個字，而上層若對學士擬出的稿子加以改動，便是侵犯了學士的擬稿權，有骨氣的學士通常以「己不稱職」的理由請求解職離去，以顯示出捍衛自己理念的決心。

軍，直接圍攻湖廣咽喉所在地襄陽。

當時的襄陽守將呂文煥，極力抵抗之餘，也向朝廷請求支援，然而賈似道害怕戰爭的消息會打亂臨安城內他苦心經營的和平假象，竟不將襄陽被圍的事情奏知度宗。呂文煥久久等不到援兵，襄陽的戰事就這麼有氣無力的拖延著，就這樣拖了三年。咸淳六年，一名宮女偶然在言談間透露了襄陽被圍三年之事，度宗便在談話間詢問賈似道：「聽說襄陽已經被圍了三年了，丞相那兒有沒有新的消息呢？」賈似道居然勃然大怒：「蒙古兵早就退回北方了，是哪個人這麼大膽，敢虛造不實的謠言？陛下是聽誰說的？」度宗看到賈似道立即變了臉孔，卻一點也擺不出皇帝的架勢加以責問，只敢囁嚅答道：「是宮裡的侍女說的……」賈似道便立刻下

令追查那位「造謠」的宮女，再隨便編個理由將這名宮女賜死了。經過此事，朝內、宮裡，再也沒人敢提起任何與邊防有關的事務，朝中更是任憑賈似道一手遮天。而蒙古見襄陽久攻不下，便採用漢將張弘範的策略——斷絕襄陽、樊城的糧道。襄、樊失去了糧食的補給通道，從此更是陷入了苦戰。

咸淳七年，蒙古建國，國號為「大元」。隔年，忽必烈採取先攻樊城、再下襄陽的策略，而襄、樊卻苦苦等不到朝廷的援兵。咸淳九年，樊城被破，守將范天順自縊，襄陽守將呂文煥見樊城已破，朝廷竟無聲無息，無一援兵來救，便拱手出降，將襄陽城送給了蒙古。襄、樊為軍機要地，兩地的失守，是南宋亡國的前兆，但此時的南宋，卻有如睡在沉沉大夢中，渾然不覺。

6 鄂州失守

　　被免職而離京的文天祥，回到了家鄉富川鎮。之前賦閒在家時，他曾在家門外不遠之處，發現了一個風景優美的好地方——文山。文山有山石，有溪泉，曲曲折折的山路小徑，蜿蜒有十餘里長，閒暇時散步於其間，欣賞山光水色，既可養生、又可陶冶性情，真是再好不過的隱居之處了。文天祥因此暗自下了決定：要在文山建造一座宅子，日後便可天天徜徉於明山秀水中，忘卻一切的憂慮煩惱。現在，文天祥被免職回家，終於可以一償宿願，「起宅文山」！

　　然而，文天祥被免職的同時，卻也是襄、樊告危之時。回到家鄉後，隨著襄、樊的情勢愈見危急，文天祥的心情也愈見沉

重，雖然當初是自己對朝廷失望才要辭官回家，本來再也不想過問朝中之事，然而日子一久，憂國憂民之心與日俱增，文天祥很難再保持剛辭職回家時那樣「無官一身輕」的悠閒，反而鎮日憂心忡忡起來，起宅文山的速度也因此慢了下來。國家情勢一日比一日危急，文天祥恨不能趕快為國家盡一點心力，然而卻苦無任何機會。文山原本應該是怡情養性的好地方，現在在文天祥看來，卻有如囚室一般，眼見國家衰弱，他卻只能枯坐在這裡，毫無任何可施力之處……焦急又苦悶的文天祥，還因此病了一場。

等啊等，咸淳九年，文天祥終於收到「起復」的詔令，命他出任湖南提刑。然而文天祥還沒到任，襄、樊便已陷落了。

咸淳十年，文天祥請調贛州知州。這一年，元世祖忽必烈起

兵南下，再度攻打鄂州，並打算在取下鄂州後，由長江順流而下，直破南宋首都臨安！

元軍以南宋投降的襄陽守將呂文煥為帥，吸收了南宋經驗豐富又熟知地形的將領，從襄陽城一路隨水東流而下進攻。此時臨安城內，卻正忙著辦理賈似道母親的喪事，朝廷內大小官員都趕忙穿戴整齊，打點著要一致送賈家的輓聯、素綵，預備到半閒堂哭靈、送葬去了。賈似道母親出殯那天，文武百官全員到齊，他們爭相表示對賈似道母親的哀悼，悲悽的神情，好像賈似道的母親就是自己的母親。再過不久，度宗皇帝去世，京城裡一件大喪事還沒落幕呢，又趕著辦另一件。新即位的恭帝年紀尚小，由老太后謝氏暫時垂簾聽政。

臨安城內此時是喪鐘齊響、白紙紛飛，而長江上游那頭也敲

起喪鐘來了，蒙古軍的勢力步步進逼，毫不放鬆的進攻長江兩側的城池。

其中新城守將邊居誼雖堅決抵抗，但仍舊不敵，城破，他與部下三千人奮戰到死，三千人中無一人投降。忽必烈派遣伯顏攻打郢州，宋將張世傑力守，然而卻有前來支援的將領夏貴、朱禩孫等人畏懼元軍勢力，還未開打便先逃跑了，荊鄂都統程鵬飛未能取勝，鄂州權守張宴然見其他將領敗的敗、逃的逃，感到勢單力薄，竟投降了，接下來程鵬飛也投降。鄂州陷落。

宋朝是真的沒有兵力了嗎？事實並非如此。

在元朝尚未出兵前，有一個制置使汪立信寫信給丞相賈似道，獻上對元進兵的對策，他提到宋有兵力七十餘萬，可立時集結統領，加強防禦、準備作戰，

此為上策；否則先遣使者前去送禮，以延緩元出兵的日期，拉長我方準備作戰的時間，此為中策；再來便是連抵禦都不用，直接投降議和了，此為下策。這信送到賈似道手裡，賈似道表面上大罵：「逆賊，竟然敢出此狂言！」心裡謀劃的卻不是如何調兵遣將，而是該如何議和之事。

鄂州失守後，身為丞相的賈似道再也無藉口推卸責任，於是他上書給謝太后，先是痛陳襄、樊的失守，全是因為無人統攝大局，軍民混亂、莫衷一是，以致被敵方各個擊破、一敗塗地，現在鄂州局面如此，他再也不能在朝中坐視不管了，他要親自上前線去督師。這封信寫得義憤填膺、慷慨激昂，謝太后看得是頻頻點頭、感激涕零。另一方面，賈似道卻又命同黨的人上書給太后，力陳朝廷怎可一日無相？像

賈丞相這樣的棟梁人才，更應放在京師鎮守大局，以安定人心。一來一往的官樣文章，讓老太后看得頭昏眼花，連主意也拿不定了，白白拖了兩個多月，既延誤了決策的時機，又給了元軍充裕的時間來收整兵馬、擬定戰略。

　　謝太后見長江戰事愈發不可收拾，急忙下了個「罪己詔」，要全國起兵一同「勤王」*。詔書的內容，要求文武大臣，既食朝廷俸祿，理應不避患難為國家立功；而今敵人闖我長江，我朝軍士務當同仇敵愾，共同響應勤王救國。至於為什麼會弄到今日這種破敗的局面，僅以「壅於上聞」一語帶過，指稱在上位者不是不懂得體恤下民，僅是被矇蔽了視聽，就這樣推卸了應負的責

*勤王　王室有難時，諸侯、大臣起兵救援平亂，稱作「勤王」。

任，絲毫沒有痛定思痛的跡象。

　　賈似道推託了兩個多月，聽到元軍的一個漢人將領劉整過世的消息，心裡定了一下，這才終於率領兵馬在蕪湖督戰。元軍集結的兵力約有二十萬人，扣掉駐守已攻下的城池的人馬，順著長江打下來的軍隊最多只有十來萬；賈似道統領的軍隊約有十三萬，而且都是從各路軍師抽調出來的精銳，照理說很可以與元軍全力拚搏的。可是賈似道根本無心作戰，他表面上看起來要打，私底下卻早早派了使者前去商談議和的條件。

　　賈似道將十三萬人中最精銳的七萬人交給下屬孫虎臣率領，自己則躲在後方督軍。但最高的統領將帥無心作戰，底下的將領與兵士又怎麼會誓死效命？宋軍才剛與元軍交戰未幾，就傳出孫虎臣帶著妻妾逃跑的消息，消息

一傳開，整支軍隊陷入混亂，更加深了兵士們惶恐的心情；而本應率領水軍阻擋元軍的淮西制置使夏貴，見此情景連仗也不打了，趕忙搭上小船逃命去了。

賈似道派人去求和，但是上次議和之事根本還是一團爛帳未清，現在情勢又明顯對元軍有利，求和之議，忽必烈哪裡聽得進去？求和無門，沒辦法，賈似道心中縱有千百個不願意，也只能硬著頭皮迎戰，但底下部屬個個膽小怕死，沒人願意冒著生命危險上戰場一拚生死，於是大家商議好，敵來我便退，到時以鳴鑼為號。

元軍果然來了，三更時分的江面上，隱隱出現了元兵的船隻及人影，還沒看清楚呢，從來沒打過仗的賈似道便嚇得六神無主，立即吩咐鳴鑼，並即刻掉轉座船逃命去了。鑼聲一響，軍心

即刻渙散，宋軍連打都沒打就全部撤退，暗夜的火光中，大夥兒你推我擠，沒命的奔逃。十三萬大軍──宋朝兵力的精華，就在一夜之間全數潰散。

7

起兵勤王

　　另一方面，謝太后發出的勤王詔有沒有得到任何回應呢？南宋朝廷，上至太后、皇帝，下至丞相、將領，一遇到戰事，擺明了便是「無心戀戰」，這點，底下的官員、百姓看得清清楚楚。他們看到呂文煥投降元軍，但他的姪兒呂師孟還可以當兵部尚書；夏貴在鄂州之役時便有不戰而逃的紀錄，但是依舊穩穩的做他的淮西制置使，直到蕪湖這場戰役，再重新上演「奔逃記」。上面的人對殘破的江山無心到這種地步，底下會有什麼人願意替朝廷賣命？

　　然而，令人感動的，在這樣的情況下，還是有一群人為了保衛國家民族、守護家園親人，願意英勇的站出來響應「勤王」。

文天祥便是帶頭的那一位。

他看到老太后的詔書寫著：「還仰賴著諸位擔負國家重任的文武眾臣及忠肝義膽之士，既然領受朝廷俸祿，國家有難，自當挺身救助，共同剿滅敵人，建功立業。」文天祥想到自己當初榮登狀元，蒙受皇帝欽點之恩，而自小讀了聖賢之書，就是想著有一天能為國家盡一些棉薄之力；如今國家正是危急存亡的時刻，身為國家栽培的文官，掌有影響百姓生活的權力，自然應當立即起兵救國。想著想著，文天祥熱淚縱橫，痛下決心要起兵勤王。

說時容易做時難，首先，士兵在哪兒？找來了兵，哪裡找來糧餉以養活一支軍隊？這時，可就要靠其他忠義之士的幫忙了。贛州有個陳繼周，在贛州任官二十八年之久，雖然已退休養老，可是在地方上還具有相當的威

望，他的兒子又是太學生，自然不乏有人前來結交，憑著這樣的人脈，陳家在贛州頗具有影響力。陳繼周父子是著名的鄉紳，深明大義，又敬服文天祥的學識及為人，因此當文天祥登門拜訪請求幫忙時，他們便一口答應，憑著他們的人面四處奔走，募到了不少經費與人力。文天祥其他的朋友，也都利用自身在各地的影響力，號召了不少豪壯之士。

募兵和籌糧之事漸漸有了初步規模，於是其他州縣的義士也紛紛前來響應，兩三個月的時間內，一支以百姓為主的義勇軍成立了，人數約有五萬。見到這麼多志同道合的好夥伴，士兵們的士氣相當高昂，大夥兒緊鑼密鼓的展開軍事訓練，預備給元軍來個迎頭痛擊。文天祥也興奮極了，他以文官出身，現在要一身兼武職，居然有這麼多豪壯之士願

意在他麾下效命，而且個個都是鐵血丹心的好漢子、好兄弟！他給自己趕製了一件戰袍，裡面繡了一行字：「拚命文天祥」，想著有一天若是為國捐軀了，別人看了名字也好辨認出他來。他抱著拚死的決心要為國打仗去。

為了養活這支五萬人的軍隊，文天祥勢必得籌募更充足的糧餉。願意出力的窮人家已經相當了不起，怎麼可以再讓他們出錢？對於有錢的人家，要如何說動他們捐出大筆的經費呢？文天祥決定，捐出全部的家產充作軍費。一來，五萬人的吃喝開銷甚大，若只拿出部分的家財，只怕也支撐不了幾日，二來，文天祥希望藉由這樣「盡傾家貲」的舉動，激起鄉里仕宦人家的愛國熱情，進而踴躍捐獻。文天祥此舉可謂是「破釜沉舟」，完全沒替自己留後路。

一些關心文天祥的好朋友，向文天祥提出了質疑：「元軍勇猛暴虐，一路勢如破竹，現在要帶領一群臨時組織而成的民兵對抗元軍，不就像是領著羊群去與猛虎搏鬥嗎？勝負可想而知！」

文天祥回答道：「實力懸殊的情況我是了解的。我是痛恨，國家到了現在這個地步，竟沒有人起兵共赴國難、捍衛國土，縱然我是不自量力，但只是想盡一分為人臣子的忠心，就算以身殉國也在所不惜！我只希望，因為我們的起兵，而能號召天下有識之士一同響應，人人皆有救國之心，國家才有救啊！」

文天祥傾盡家產的舉動及赤誠的一番談話感動了故鄉父老，於是，籌募糧餉的工作進行得更順利了。在眾鄉親的支持下，這支義勇軍浩浩蕩蕩的出發了。

鄂州已破，臨安告危，這麼

一支忠義的勤王之軍，首要之務自然是前去捍衛京城。此時京城的右丞相※已由賈似道換成了陳宜中。賈似道無能又貪生怕死，在他領兵下，十三萬的精銳大軍全軍覆沒，如此的失職，使得國家情勢更顯危殆不安，謝太后卻顧念著賈似道乃三朝元老，只輕輕的判他個「免職」，作為對全國人民的交代。朝廷既然無心作戰，換上來的新丞相，自然也是「投降派」的。主張投降的一派，對於文天祥組成的這支義勇軍隊自然看不順眼，更害怕文天祥帶來的這支軍隊會阻礙他們與元軍的議和。

　　朝中當時的左丞相王爚，力

放大鏡 ※宋朝的丞相制度乃沿襲唐朝制度而來。唐朝設尚書、中書、門下三省，皆為丞相。其中尚書省長官為尚書令，其下又設有兩個副長官，一為尚書左僕射，一為尚書右僕射，實際執行尚書令的職權。演變至後來，左、右僕射兼同中書門下平章事成為實質的丞相，故有左、右丞相之名。

51

促文天祥入京；然而陳宜中卻不作理會，甚至打擊王爚，逼他出京，換了也是投降派的留夢炎當左丞相。陳宜中又將張世傑帶領的陸軍放在水上作戰，將劉師勇率領的水師放到陸上作戰，水陸軍隊的錯置，使得宋軍不但無法取勝還損兵折將，這些荒謬的錯誤，引起了太學生強烈的抗議，他們共同跪在宮門口請願，上書投訴陳宜中的錯誤。陳宜中感覺顏面盡失，生氣的跑回家鄉溫州去，朝中大事暫時交由留夢炎處理。留夢炎看出謝太后傾向投降的意圖，再加上有人因嫉妒文天祥，故意進讒言挑撥是非，說文天祥的軍隊不過是一群沒有受過訓練的民兵，缺乏作戰能力，並誣賴文天祥仗著手上的軍力，囂張跋扈，不把他人放在眼裡，於是留夢炎找了個藉口不准文天祥的軍隊入京，命他駐紮在隆興

府，不准將軍隊開往臨安。

本來是入京勤王的義勇軍，現在卻奉命不許入京，收到這樣的詔書，真正令文天祥哭笑不得。然而文天祥並不打算對投降派屈服。他決定將軍隊先駐紮在吉州，也不願意奉旨開往隆興。也有人上書替文天祥抱不平，說這樣的軍隊是忠義的組合，若能好好運用，必能替國家拚死效命；相反的，若留屯不用，兵士們的報國熱情一旦衰退，豈不是又白白損失了一支優秀的隊伍？文天祥也上書與朝廷抗爭，駁斥他的軍隊是烏合之眾的說法，堅決要求朝廷收回「屯駐隆興」的成命。然而，朝廷駁回了文天祥的上奏，文天祥於是繼續留在吉州，與朝廷僵持著。

而同時，長江上游的戰事益發恐怖起來，一個城池緊接著一個連續失利，臨安城開始動搖

了，全城籠罩在不安與恐慌的陰影中。慢慢的，百姓們發現，除了上游各州有相當多守城的將領棄守城池外，城裡的大小官員，也跑得差不多了。消息一傳開，街市上更冷清了，留下來的都是些沒錢沒勢、想走也走不了的百姓。他們鎮日躲在家中，一有個風吹草動，便惶恐不安，深怕是元軍的腳步踏進城中。

一天，有軍隊進城了。百姓們嚇得躲在家裡不敢出來，過了好久才弄明白，原來是張世傑的軍隊吃了敗仗，撤退回來了。

張世傑這次的敗仗，使得老太后緊張起來，也才突然想到還有文天祥的軍隊可用，於是下詔命文天祥進京捍衛。但留夢炎、陳宜中兩位左右丞相想的卻是如何把文天祥的軍隊奪到自己的手上，以增加與元軍議和時討價還價的本錢。他們先給文天祥「工

部尚書」及「兼都督府參贊軍事」的職位，意圖巧妙的解除文天祥的兵權，但文天祥堅辭不受，陳、留二人見詭計未能得逞，於是促使朝廷將文天祥連同軍隊排除出臨安。老太后不明就裡，給文天祥「知平江府職事」的職位，並催促他火速赴任。

　　不得已，文天祥憤憤不平的帶兵去了平江。沒多久，常州被圍，文天祥奉命前往支援，陳宜中並加派自己的人馬張全領兵前往。文天祥為解常州之圍，派出麻士龍、朱華、尹玉等人領著兩千兵與元軍作戰，戰事陷入膠著，張全卻坐視不救，最後見情勢不對還溜之大吉。尹玉率領五百人奮勇抵抗，但因無人後援，五百名兵士全部戰死，尹玉即便是全身中箭還繼續戰鬥，直到倒下為止。這一場仗打得壯烈，然而常州還是沒能守住。

出任丞相

　　常州失陷，臨安情勢更為吃緊。主和派想著要投降，於是趕緊聯絡已投降元軍的前襄陽守將呂文煥，巴結著呂文煥的姪子呂師孟，希望呂師孟幫忙傳遞消息給呂文煥，再讓呂文煥在元人面前說些好話。

　　元人伯顏在此時打進了臨安的大門口──獨松關。左右丞相留夢炎、陳宜中趕忙調派文天祥戍守臨安，打算放棄平江府。文天祥明知一旦帶兵前往臨安，平江便是失守，卻不得不忍痛奉命趕去捍衛臨安。

　　敵軍已來到臨安城外。

　　左丞相留夢炎第一個感到事態不妙，腳底抹油──溜了，堂堂左丞相，成了出逃者。面對強敵壓境，老太后大驚失色，陳宜

中趕緊擬了份投降的計畫，打算割地賠款，與元國兄弟相稱。然而這樣的提議被元軍打了回票。

「那麼以叔姪相稱吧！」朝廷裡只商議出這種解決的方法。但伯顏仍是不肯接受。

「稱對方為叔祖父，我們為姪孫子呢？」使者再度傳話給伯顏，又再度遭到拒絕。

老太后全慌了，涕淚滂沱的說：「那麼就稱臣吧！」

使者再度帶著議和的條件前去談判，內容是：稱臣、上尊號、每年進貢銀兩與絹匹，並相約在長安做正式協商。

這樣的恥辱，文天祥簡直無法忍受，連陳宜中都害怕自己留個萬世臭名，約好談和的當天，他沒有依約前往長安。

沒去談判，元人就要打來了。該怎麼辦呢？文天祥之前曾提出分封益王、廣王出鎮閩、廣

的計策，便是思考到，若臨安不保，是該將王室勢力延展至南邊，以期還能占有安全的根據地，好謀圖復興的大計。這樣的計策，朝廷一直沒採納，現在情況不妙了，陳宜中終於向老太后提議遷都，但陳宜中是這樣說的：「臨安以南，大宋國還有廣大的土地，只要能搬到敵人追趕不上的地方，還是照樣有太平日子可過！」老太后終於同意了，一邊吩咐滿朝文武準備遷都，一邊回宮叫宮人們收拾細軟，並著手安排出走的路線。

陳宜中沒去談和，伯顏的使者來了，目的是要來向陳宜中討個回話。「究竟是怎麼回事？你不來談和，我們就派兵來捉你回去好好談！」使者撂下了狠話，揚長而去。這樣的恐嚇對陳宜中起了很大的效應，陳宜中連夜收拾行李、步上留夢炎的腳步，成為

第二個棄職潛逃的丞相。

老太后第二天清晨，打點好一切，等著陳宜中前來見駕並處理遷都的事宜，卻久久不見陳宜中到來，派人宣召陳宜中上殿，也沒個回應。「給我搜遍整個臨安城！」老太后氣得下令。出外打探的人回來了，帶來了陳宜中確實已潛逃的消息，於是官員來前請示太后：「啟稟太后，陳丞相確實不在城內，那現在還遷不遷都呢？」「都給我滾出去！」老太后氣到發狂了。

現在怎麼辦呢？究竟是走或不走？元人就要打來了！

「再找個人前去談和吧！」有人提議。可是現在朝中左右丞相都不在，有什麼人適合前去談和？再把留夢炎找回來？放眼望去，朝中大官能逃的都逃了，剩下的官員實在不多，留下來的，若不是堅決的主戰派，如文天

祥，不然就是已經與元人暗中串通，早就安排好自己出路的投機分子。更何況，在這種情況下出任丞相，任誰都會避之唯恐不及。

也只有在這種情形下，老太后才想到了還有文天祥這號人物，旁邊也有人以看好戲的心態極力鼓吹：「聽說文天祥很有辦法，那派他去見伯顏好了。」德祐二年（1276年）正月十九日，南宋拜文天祥為「右丞相兼樞密使」，並都督諸路軍馬，自這天起，大家都稱呼文天祥為「文丞相」。當然，太后要交給文天祥最重要的一個任務，便是命他去面見伯顏商談議和之事。

前去議和、議降，當然是文天祥極為不願意的。但國事至此，沒有人出面去元營走一趟，朝中之事只會繼續混亂下去，文天祥不得不去，但他決定辭去丞

相職位，改以「端明殿學士」的身分前往。不以丞相的身分前往，是要向元人表明他沒有當國的權力，因此也絕對不是來議和、議降的。文天祥抱著一絲天真的期盼，希望能對伯顏曉以大義，說服他們退兵，以保兩國和平。

文天祥的部屬見文天祥要代表宋朝出面，個個雀躍不已，認為文天祥出頭的日子終於到了。這天，卻來了個人上門拜訪。

「稟老爺，門外有一人持名帖求見。」文天祥看了名帖，是天臺的杜滸，此人向來行俠仗義，在外頗有些豪名，前陣子還糾合了四千名義兵打算投在文天祥帳下，是名剛勇又講情義的好漢子。

「請他進來。」文天祥說道。

杜滸進來了。樸素的衣裳，掩不住眉宇之間那股慷慨豪氣，他大踏步的昂頭進了大廳，一見

文天祥，略行了見面之禮，便馬上問道：「杜滸在外聽得人說，文丞相打算出使元營，不知是否真有此事？」文天祥的手下立刻回答：「沒錯！我們大人已經決定扛下這救國的重任了。」杜滸一聽，趕忙進言：「文丞相，據小的在外探聽所知，這元營……是萬萬去不得的，怕是元人設下機關，引誘文丞相上當啊！」此話一出，立刻引起文天祥眾多手下的不滿，大家紛紛出口回擊：「這人說話一點根據也沒有，巷語街談，如何當得真呢？」登時整個大廳你言我語，亂成一片。文天祥沉吟半晌，好一會兒後才眉頭一皺，朗聲說道：「大家別再吵了。文某謝謝杜先生的好意，不過國事至此，天祥也別無選擇，此刻但願能盡一己棉薄之力，至於個人生死，也只能暫時拋開了。」

9 入元被俘

　　正月二十日，文天祥代表宋朝出使元營。

　　文天祥進入元營，首先就讓伯顏大大吃了一驚。這位文大學士，進得帳來只拱了拱手行了簡單的見面禮儀，便開始陳述來意，臉上沒有絲毫懼怕、討好的神情。凜然的氣概，與伯顏見過的宋朝官吏大不相同。

　　文天祥見了伯顏，直接闡明來意：「天祥這次受命拜相，不敢承受，先來此地與閣下商量。至於之前的宰相與閣下議和之首尾始末，並非天祥任內處理之事……」伯顏聽到此處，訝異道：「什麼？你再說一次？」文天祥再道：「先前宰相與您商談之事，文天祥概不知情，現在也無法針對前事再做商量。」意思十分清楚：

之前陳宜中跟元人怎麼談，是之前的事，今天我不以丞相身分來此，自然也沒有資格代表宋朝丞相繼續處理議降的事宜，也就是說，文天祥今天來此，不是來談投降一事的。此話一出，連一旁陪同文天祥前來的宋朝官員，也嚇得面面相覷、不敢作聲。伯顏更是懷疑自己的耳朵是不是聽錯了。

文天祥再繼續道：「今日天祥來此，是想知道貴國的態度。我們大宋王朝自古以來以禮義治國，擁有高度發展的文化傳統，貴國是打算與我們建立正常邦交？或是打算消滅我國？」伯顏從沒見過如此強硬的態度，只好引用元世祖忽必烈的話：「元主有交代，必不毀貴國社稷，也不殘害黎民百姓。」文天祥道：「既是如此，就請貴國先行退兵至平江或嘉興一帶，等待貴國皇帝對處理

和議之事的指示，到時我們再來詳談細節。」伯顏聽到要叫自己退兵，臉色一沉，但一時間竟答不出話來。

文天祥見狀，再道：「兩國能平等的協議，維持和平，是再好不過的事。不過⋯⋯若是閣下不肯，我們大宋國也不是好欺負的，只是到時禍及兩國人民，生靈塗炭，對於貴國也沒有什麼利益。」伯顏按捺不住，發火道：「不投降，莫非是來送死的嗎？」文天祥凜然道：「文天祥身為宋朝栽培的狀元宰相，功名利祿非我所求，如今但願能夠一死報國，你不必用死來威脅我，因為死對我來說根本沒什麼好懼怕的！」伯顏被眼前這個不怕死的人氣得咬牙切齒，但比較之前來此議和使者卑躬屈膝的態度，眼前這個文天祥，不由得叫人打從心裡生出一股敬畏。「好！好！不怕死，那

就把你扣留起來！其他人回去告訴你們的主子，趕緊派別人來談投降我朝之事，不然，有你們好看！」

宋朝改立了賈餘慶當右丞相，並立即獻表投降了。當朝中上至太后、下至大臣，紛紛畫押簽署時，只有一人悍然的拒絕了，這是「參知政事」家鉉翁。別人見他不肯畫押，出言威脅要綑綁他，家鉉翁忿然答道：「我可是堂堂參知政事，要綁我？你還沒那個資格！」說完便轉了身、頭也不回的離去。元軍倒也沒奈何，反正太后、皇帝都畫了押了，一個頑固的老頭子能起什麼作用呢？便也任由家鉉翁去了。伯顏為求順利攻下各州，命令太后傳旨給各州郡守，命令他們「元軍來時，即刻歸附！」宋朝到這地步，似乎已經完全瓦解了。臨安城內，處處被元軍洗劫一

空，一大堆搜刮來的珍奇寶貝，令元軍搬到手軟。

為了確保元政府能夠穩定建立，並預防宋朝王室勢力恢復，忽必烈命令伯顏將宋朝王族及官員們，成立一個「祈請團」，前來北京，表面上稱作與新皇「祈請」，實際用意乃是將這些人員扣留在北京，以免日後生事。祈請團的成員們包括：老太后、宋恭帝、皇后、妃子、王爺、王爺親眷、左右丞相及各大小官員們……。伯顏想想看，把文天祥放在南方終究令人坐立難安，於是也把文天祥加入「祈請使」的行列中。一行人，像是替宋朝送葬的隊伍，由花紅柳綠的江南出發，以宋朝的大片國土作為禮物，浩浩蕩蕩的出發北行。

江南的春雨無奈的下著。

10 逃出生天

一行人，先被帶到了江邊的大船上，等待開船。官員們面對著面，神色裡帶著愁苦，又有那麼一絲無可奈何。只有少數幾個官員，臉上帶著羞辱而憤恨的表情。倒有個謝堂，是趙家的皇親國戚，家裡富貴得不得了，此時卻好整以暇的坐在一旁，眺望著窗外，神色自若，偶爾露出些許的不耐。至於文天祥，他見了這幫呈降表兼畫押的官員，心中實在沒好氣，獨自在旁坐下，也不與他人交談。

被扣留的這段日子，文天祥聽到太多不好的消息，先是因為自己被扣留，當初好不容易組織而成的義勇軍便被解散，軍士們被迫返回故鄉；再來又聽到宋朝派人呈上降表，決定投降的事。

想到那幫與自己出生入死的好兄弟被遣返家鄉，不知道日子是否過得安穩？再想到大宋王朝、文武百官懦弱自私的行為……文天祥不禁悲憤滿腔。在元營見到那批投降的漢人將領，如呂文煥等人，文天祥毫不留情面的破口大罵，而被罵的人即使氣惱無比，也不敢吭聲回話。就連元朝將領伯顏，面對文天祥的凜然正氣，也打從心裡敬佩他的忠義愛國。也因此，元人對待文天祥相當禮遇，飲食起居皆有專人伺候，還差人與文天祥談話解悶。一方面是想招降他，一方面則是怕文天祥自盡殉國。

現在，文天祥在船上看著眼前這幫貪生怕死之徒，領國家的俸祿，做朝廷的官員，國家有難，非但拿不出個辦法，反倒為了個人身家性命著想，急著保命求官，愈想到此，文天祥更是不

想見到他們，於是便遠遠的避開眾人。

天色晚了，文天祥獨自在船邊踱步，口中吟著這些日子以來自己做的詩詞：「但願扶桑紅日上，江南匹士死猶榮。」「玉勒雕鞍南上去，天高月冷泣孤臣。」被囚禁的苦悶日子裡，只有寫寫詩文，才能一吐憂國憂民的愁思、一吐為國效命的忠心。忽的身旁一響，只見一黑衣人在身旁輕輕落下站定。

「文丞相！」黑衣人壓低了聲音叫道。

「你……你是？」文天祥猶自驚魂甫定。

「天臺杜滸。」黑衣人答得簡潔爽快。

「杜相公？」

「正是在下。」

「你怎麼會在這裡？」文天祥又驚又喜。

「丞相別急。杜滸素來佩服文丞相高風亮節，打聽到祈請團一行人在這船上，為免丞相旅途寂寞，特地使了點錢、前來湊個熱鬧，送您走這一趟。」平日武夫形象的杜滸，黝黑的臉上，帶著微微笑意。

「杜相公！你的情義我文某人領受了。」文天祥從杜滸的話中體會到他冒險前來搭救的心意，多日來的憤悶在此時一掃而空，臉上總算露出了笑容。

隔日，兩人裝作一切如常。今天，正是準備開船的日子，臨行前，忽然來了一隊快馬，宣布謝堂不用參加「祈請團」，可以留在臨安。這個謝堂，便是日前在船上表面做出若無其事的那位皇親國戚。原來是謝堂奉上了全部的家產，才換來一身的自由。

「唉！有錢能使鬼推磨。」看著謝堂離去的背影，大家的神色益發

傷心起來。

　　然而，文天祥的心情一點也不受影響，因為，他正與杜滸一同思考脫逃的辦法。他們推測大船行走的路線，策劃著如何利用看守的空隙上岸逃走。

　　文天祥與杜滸兩人雖然盡量避免在人前人後交談，深怕引起元兵的注意，然而，兩人經常私下聚會之事，還是被同行的宋朝官員注意到，在元兵面前打小報告：「我瞧文天祥這人鬼鬼祟祟的，不知暗地裡在打著什麼主意呢！你們還是當心點好！」元兵便加派了人手看緊文天祥。

　　這下可苦了，文天祥本來籌劃著要趁船停靠岸邊休息時，伺機逃脫，但元兵戒心甚重，一路上派人緊跟文天祥。到了文天祥曾駐守過的平江時，怕老百姓來鬧事，船不過在岸邊停靠了一會兒，便解纜夜行了。這樣嚴密的

防守，使得文天祥只得錯過一次又一次的機會。眼見謝村、留遠亭、平江府、五木……，一站站都過去了，再不想辦法逃脫，一旦船行深入北人的勢力範圍，到時即使逃得出去，恐怕也走不了多遠就會被元兵抓回來。一想到這兒，文天祥焦急不已，他再把杜滸找來，說道:「船下次的停靠站是鎮江，那是我們最後的機會，若是再往北走，想順利逃出恐怕比登天還難！」「讓我偷偷上岸去打點打點吧！一切包在我身上，請丞相放心。」杜滸拍著胸脯保證著。

　　若是真的逃出去，要往哪兒呢？這問題自然得先思量清楚。這時，元軍攻占中原的戰事，正膠著於揚州城。揚州城守李庭芝接到了太后命令「元軍來時，即刻歸附」的詔書，堅決不肯接受，他氣得大叫:「自古只聽說叫

臣子死守城池，哪有叫臣子開城投降的道理？我絕不從命！」李庭芝因熟知地形，又有豐富的戰略經驗，加上守意甚堅，元軍竟久攻不下，十分氣惱。而除了揚州城外，真州安撫苗再成也固守城池，元軍無法占領。想逃出生天，看來得逃到揚州、真州這兩個元軍勢力尚無法到達的地方才有希望。文天祥衡量情勢，真州邊境的元兵較少，於是決定逃往真州。

　　船行到了鎮江，下起了大風雪。不慣水行的元軍害怕在風雪中行船，船程就這樣耽擱了十多日，正給了文天祥天大的良機。

　　杜滸喬裝成生意人，每日留連於客棧，見了談得來的人便請他喝酒，酒酣耳熱之際，便假借酒意露出一點思念故國的心情，若見對方也跟著附和，甚至痛罵元人，杜滸便私下以銀兩相贈，

詢問是否能夠幫忙找船，以協助文天祥逃脫。百姓們大多是善良的老實人，雖然也很想幫忙，但也沒熟門熟路可弄到船隻。有一天，與文天祥一同北行的部屬余元慶，興沖沖的向文天祥報告，說他在路上遇到一位老朋友，是替北人管船的，有辦法弄到船隻，也願意幫忙。「此乃天助我也！」文天祥大喜：「大夥兒打起精神，趕緊分頭去安排細節事宜。」

　　船隻的問題解決了，但還有許多事情需要謀劃。首先，要怎麼擺脫元人嚴密的監視呢？當時祈請團所有的人都下船住在鎮江府治，算是元軍對宋朝諸人的禮遇。文天祥先假稱有病，不住在府治之內，而去了一個名叫沈頤的朋友家裡居住。雖然元兵還是派了個惡狠狠的王千戶跟著文天祥，但是，要從沈頤家逃走，總是比從鎮江府治逃走容易得多。

再來，逃出後要至江邊上船，這一路上，處處皆有元人的哨兵，需要有個熟知路徑的人來引路。湊巧的，杜滸在客棧飲酒時，結識了一個老兵，兩人相談甚歡，老兵熟知此地街道情況，也爽快的答應幫忙帶路。

然而，一行人深夜裡在鎮江行走，若沒有「官燈提照」＊，是很難通過元人重重哨口的。杜滸突然想到，前些日子有個劉百戶，跟杜滸喝酒喝得稱兄道弟起來，他曾邀約杜滸一同去妓院狎妓，杜滸當時推辭說：「我是伺候文丞相的，總得要回去伺候丞相睡穩才方便出來。不過夜間遇到『夜禁』時怎麼辦呢？」劉百戶忙說：「別怕，我有『官燈』在此，

放大鏡

＊官燈提照　提了印有官府字樣的燈籠在外行走，便可避免被元軍攔下受檢。文天祥等人想在夜晚脫逃至渡口搭船，須設法拿到官燈，方能通行無阻。

我派個小兵夜間提著官燈接你過來好了！」只要利用劉百戶的「官燈」，那麼通過夜哨的問題也解決了。

　　諸般細節商量妥定，當下便決定二十九日晚間潛逃。文天祥的手下連同文天祥本人，一同出逃的約有十二人。這麼多的人一起出逃，走在路上容易驚動元人，於是決定讓兩個人先到江邊的船上等候，另外三個人則先去帶路的老兵家等待，其餘的人等到二十九日晚間一同出發。

　　二十九日中午，元軍突然派人傳話說要即刻啟程前往瓜州，這下可全盤打亂了文天祥的逃脫計畫。文天祥趕忙聲稱來不及收拾行李，請再寬容一日。元軍百般不耐的勉強答應了。文天祥心想：明日元軍就要押軍啟程了，所以今天晚上無論如何都要想辦法逃出去！

　　當天傍晚，沈家預備了酒席為文天祥餞行，向來緊緊看守文天祥的王千戶也在受邀的行列。酒席之上，主人盛情，文天祥並且賦詩一首，大夥開懷暢飲，王千戶也喝得不亦樂乎。夜色逐漸降臨，沈家燈火漸昏，桌上一片杯盤狼藉……沈頤第一個醉倒，接下來是王千戶……文天祥則一直小心翼翼的保持著清醒。

　　忽然有人跑進來找杜滸，原來是先前派去老兵家等候的一人：「杜爺，大事不好！老兵喝醉了酒，把事情說溜嘴給老婆知道了，他老婆現在正大吵大鬧，說要告官去……」杜滸趕忙低聲道：「別忙！我瞧瞧去。」兩人急忙到了老兵家，老兵似乎醉得有點昏了，杜滸從腰間拿出三百兩白銀，穩穩的繫在老兵的腰上。霎時，老兵立刻清醒似的，眼睛不花了，講話也清楚了，當下隨著

眾人來到沈家外邊等待。

這一頭，看到王千戶醉得不省人事，文天祥知道機不可失，立刻拿起打包好的行李，與眾人偷偷溜出沈家。

沈家外邊，帶路的老兵與提著官燈的小兵正等著呢！劉百戶只吩咐小兵：「拿著官燈去接杜澔爺出來！」小番兵哪裡管他們有多少人？要去哪裡？小兵提著燈，隨著老兵的指點在前面引路。

黑漆漆的夜裡，大夥兒提心吊膽的走著，好在有了「官燈提照」，一路通行無阻，他們加緊腳步來到了江邊。「我們的船在哪兒呢？」大夥著實費了好一番工夫摸黑尋找，余元慶還涉水尋了一個多小時，才在江邊找到約定的這艘船。這是一條私人的小商船，幸好之前派了兩個自己人先上船，不然，小商船恐怕沒耐性等到文天祥一行人就先走了。

終於上了船了！大夥兒喘了口氣，心下安穩了點。趕緊開船吧！江的另一頭閃著密密的火光，那是元人的船隻，得加緊避開才行。余元慶指揮著：「快往江心划去！」船隨水漂了出去，水力扶著船，輕快的划入了江心。

恰巧遇著順風，船行還算快速。一路上也遇著了巡邏的元兵船隻，但都小心的應付過去了。

隨著船行愈遠離鎮江，文天祥的心裡也愈加篤定。「丞相放心，咱們已出鎮江，元人明天一早發現我們不見，也追趕不及了！」文天祥的手下來報告最新情況。看著四周昏茫的江景，元人的火光在江的另一頭成了隱約難見的小光點，文天祥總算敢稍微闔眼小憩一下了。

清晨時分，船已停靠在真州城下。

11 再度流亡

　　真州安撫苗再成，熱誠的接待這位風塵僕僕、剛從敵人手上逃出來的貴客。接風的水酒才剛飲過，文天祥立刻與苗再成共商復興的大計。

　　苗再成分析情勢道：「目前手上握有兵力者，除了在下，尚有淮東制置使李庭芝，及淮西制置使夏貴。苗某職卑兵少，僅能盡全力守住真州，倘若要圖復興，一定要說服兩淮聯手攻防，才有勝算。李庭芝與夏貴之前稍有嫌隙，丞相若能出面幹旋，或許能促成兩淮聯軍，到時復興大業指日可待。」這樣的計畫正與文天祥的想法不謀而合，於是文天祥當下便著手草擬給李庭芝與夏貴的書信，除此之外，還寫信給其餘諸州太守，希望大家能集體響應

復興的計畫。

　　然而，文天祥不知道的是，在他寫信之前，淮西制置使夏貴，這個已有兩次「不戰而逃」紀錄的人，早已舉城降元了。文天祥更不知道的事還在後頭呢！

　　文天祥的信送到李庭芝手上，使者帶回了李庭芝的回覆。李庭芝對於聯軍的事隻字未提，只說了：「根據我們從元兵那兒回來的人的供稱，有一個丞相前去真州騙城……堂堂宋朝宰相得以從元人手中平安脫逃，此為可疑之一，更何況還帶了十一人同行，此為可疑之二。苗安撫不緝捕此人，竟還開門讓他入城，愚以為切切不可。」苗再成看了這樣的回信，心中對文天祥也起了疑竇，但還是不願就此逮捕文天祥，不過，倒也沒辦法再把文天祥留在城內了。

　　苗再成已下了決定不再留文

天祥在城內，便叫兩個都統帶文天祥一行人至城外散步閒逛，散步間，其中一位都統拿出李庭芝的回信給文天祥看，文天祥十分驚愕，正欲開口辯解，兩位都統卻立即躍身上馬，頭也不回的奔回城內，城門在都統進城後，也隨之關閉。

文天祥一行人楞在原處。

「丞相，這是怎麼回事？現在可怎麼辦呢？」余元慶問。

這下連文天祥也回答不出了，他楞了一會，才慘然道：「應該是有人蓄意誣陷吧！不過，苗安撫怎麼就這樣輕易的相信他人的讒言呢？」文天祥嘆了一聲，但心中的悲憤實在很難平靜下來。

一行人正兀自嘆息，忽然城門大開，從中出來了兩位騎馬的軍官，帶了幾十人的隊伍及文天祥一行人的行李，一見了文天祥，便大聲道：「安撫命令我倆前

來送丞相出城，現在你們打算往哪兒去？」文天祥見這情況，曉得真州城是回不去的了。只好朗聲道：「我們往揚州去，找李庭芝制置使解釋一下。」

兩位軍官牽了馬匹給文天祥和杜滸乘坐，走了一小段路，忽然停了下來。「文丞相，有事商量，請下馬吧。」

文天祥心頭一驚，莫非要在這兒下手了結眾人性命嗎？「敢問何事？」

「請下馬吧，這兒走。」

文天祥不得已，只好下馬。兩位軍官開口道：「安撫命我們送丞相前往淮西，丞相怎麼要往淮東？」

文天祥道：「往淮西一路過去便是北人的地盤，恐怕到時便無路可走了。再說，我是想見李制置使一面，跟他當面解釋。」

軍官又道：「李制置使殺你們

都來不及，你們何必前去送死？」

文天祥道：「文天祥拚死也要從元人手中逃出來，就是為了求取國家的一線生機，要是李制置使相信我，復興大業就有望了，要是李制置使不相信我，到時最多就是一死。再說，即使死在揚州，也總歸是死在自己的國土上，沒什麼好遺憾的。」

軍官又勸阻：「不如先在這附近的山寨住一陣吧！」

文天祥堅決道：「到了揚州，生就生，死就死，聽天由命，沒什麼好怕的！」

兩位軍官聞言，沉默了一會兒，才又道：「苗安撫要我們告訴您，他在江邊替您預備了船隻，要我們護送您一程，屆時看您要往北、往南，都隨丞相的意。」

文天祥簡直動了氣了：「往北去？這麼說，連苗安撫也不相信我了。」

「沒錯兒。安撫就是要我們來看看，丞相您到底是往哪兒走，要是往北，我們便立刻對丞相下手了。不過，在下雖是粗人，聽丞相言語，也曉得您是一位大大的忠臣，我等怎敢加害於您！既然您決意前往揚州，我們這就為您引路。」

兩位軍官繼續護送文天祥等人上路，走了好一段路，來到了岔路口，兩位軍官指著東邊的一段柳隄，道：「往那兒走便是揚州城的方向，我等送您至此，就此分別吧！」

看著軍官領著隊伍揚塵而去，文天祥踏上了往揚州之路。一行人來到了揚州城下，見到城門口守軍嚴密的盤查，這才突然意識到：進城恐怕凶多吉少！

一行人開始意見分歧。杜滸道：「眼前這景況，進揚州城恐怕真是死路一條，咱們不如想個辦

法先到高郵，再往通州，去投見在江南的益王、廣王，再圖復興！」文天祥的一個部屬金應說：「咱們既已來到揚州城下，不進去說個明白豈不白來了嗎？反正最多是一死，再說李制置使不見得真會殺了我們。」

一行人七嘴八舌，贊成先躲過揚州城嚴密查哨的人占了多數。余元慶忽然找來了一個賣柴的人，興奮的道：「丞相，有福了！這人知道路徑，能帶我們到高郵！」他將賣柴人帶到文天祥面前後，便轉身離開。文天祥向賣柴人問道：「你能先幫我們找個安身之所，暫時先避一避嗎？」賣柴人道：「就來我家吧！這幾日查哨查得緊，會不會被查到，也要看丞相您的福氣了。」

正在言語，呂武匆匆跑來，對文天祥大喊：「丞相，不好了！余元慶、李茂、吳亮、蕭發帶著

丞相包袱中的銀子，逃走了！」氣氛頓時跌入谷底，大家都沮喪的講不出話來。「帶路吧！」文天祥嘆了一口氣，對著賣柴人說。

　　文天祥一行原本有十二人，現在只剩下八人了。抱著自己的包袱，裡面裝著僅餘的銀兩，他們拖著沉重的腳步跟在賣柴人的後面。來到一間廢棄的房屋，暫時歇息。才剛打個盹，忽然聽到人馬嘈雜的聲音，杜滸從牆壁縫隙瞧出去。

　　「是元兵！」

　　每個人立刻從夢中清醒過來，心臟貼著胸口急速跳動，手裡緊抓著包袱，全身的血液似乎都凝結了，卻連大氣也不敢喘一聲。馬蹄聲往這邊近了，大夥一顆心全提著。倏地，烏雲密佈、雨聲淅瀝，原本晴朗的天氣忽然風雲變色，馬蹄聲開始亂了……逐漸的，馬蹄聲遠去，該是元兵

避雨去了。大夥這才鬆了口氣。

一路之上，像這樣驚險的場面還不僅於此，也許是老天爺冥冥之中在看顧著，每逢飢寒交迫之時，總是會有熱心的農民挺身幫忙；千鈞一髮之際，便用身上的銀子打發前來查哨的元兵，也總是幸運的得以脫身。顛沛流離的滋味，文天祥這下子可是嘗盡了，狼狽流亡的這一段際遇，也使得他更能體會下層百姓的生活甘苦。幾經磨難，他們終於來到了高郵。

哪知，才到了高郵城外，便看見城牆外高懸著捉拿文天祥的榜示，上面寫著：「制置使李庭芝示各郡：聞聽有人以丞相名義前來騙城，邊關守將須嚴加緝拿。」文天祥看到這個告示，不禁心下一陣淒涼，掉頭就走。他心想，好不容易從元人手中逃出，以為回到了祖國的懷抱，沒想到，一

片忠心赤誠卻被當成奸細，造成現在無處可投奔依託、被迫流亡的局面。本以為此行縱然艱險，終究是重返祖國，現在卻換來同時被元人、宋人雙方通緝的尷尬處境，一想到此，兩行熱淚便不爭氣的掉了下來。

　　站立在旁的兄弟們看了這景象也難過起來，出聲安慰道:「丞相，您別氣餒。您大忠大義，大夥兄弟都是知道的。『日久見人心』，相信李制置使及眾百姓們有朝一日也會明白的。」跟隨在文天祥身邊的人，個個都是鐵錚錚的好男兒，他們一邊出言安慰文天祥，一邊也溼了眼眶。再有一人緊接著道:「既然都貼出告示了，此地不宜久留，我們趕緊想辦法前往通州吧！」「說得是，咱們這樣子，可會叫守城的兵士起疑的，快離開這兒吧！」一人接話。顧不得傷心，他們加緊腳步

前往通州。

　　終於來到了通州。通州城會不會拒文天祥於千里之外呢？通州守將楊思復，當然接到了李庭芝說文天祥是奸細的文書，然而，埋伏在元軍中的探子，卻也帶回了諜報，說「元軍在鎮江走脫了文丞相，正命追兵緝捕中。」這個諜報大大幫了文天祥的忙，楊思復不再相信李庭芝的誣賴，大開城門，熱烈歡迎文天祥進城，文天祥一行人，終於有個落腳之處了。

　　不過這一路流亡，由原本的十二人，逃脫了四人、剩下八人，後來又因躲避元兵追殺，損失了兩人，現在文天祥身邊，一同出生入死的夥伴，連同自己也僅有六人了。想到途中喪命的好兄弟，文天祥不勝唏噓，與至親好友生死別離，大約就是為國盡忠所須付出的代價吧！

12 取道向南

　　在恭帝及老太后被擄的同時，恭帝的兄弟益王、廣王，已由人護送奔往南方。陸秀夫擁著益、廣二王避難至溫州，到了溫州，便召請陳宜中、張世傑輔佐新王。陳宜中、張世傑雖然奉召擁立新王，但卻缺乏復興宋朝的大志，只消極的想著如何保存皇室血脈，故而採取只守不攻的策略。他們覺得溫州離元人還是太近了，為了確保二王的安全，決定遷移至更南邊的福州落腳。福州位於福建省，相當接近南部沿海了，陳、張這種不戰即退的策略，其實正是宋朝之所以快速丟掉大半疆土的主要原因之一啊！

　　而在北邊，忽必烈封被擄去的恭帝作元朝的「瀛國公」，這消息一傳到福州，陳宜中等人認

為宋朝帝系不能中斷，故擁立益王為「端宗皇帝」，改年號為「景炎」（1276年）。南宋微弱的帝脈，在偏遠的南方，該如何持續下去呢？

文天祥來到通州後，聽到益王、廣王在溫州，當下便決定立刻啟程前往溫州。當時陸路走不通，必須走海路，多虧楊思復為文天祥想了辦法，送文天祥搭船前往南方。想到即將來到宋朝正統帝系所在的南方，文天祥的心情相當激動複雜，他作了首詩，詩句中將他急切歸南的心情表露無遺：「臣心一片磁針石，不指南方不肯休。」把自己的心比喻為指南針，一心向著南方，永不休止。

他先到了台州，在那兒，有一個名叫張哲齋的海上豪傑，他是宋朝名將張永德之後，憑著名將之後的威望與自身的義氣，在

海上擁有相當的勢力，有辦法動員海上的各船隻與水兵。先前陳宜中、張世傑不去調動他、也調不動他，但他一聞聽文天祥來到台州，便主動設筵款待文天祥，並約定好調齊海上諸路兵馬，一同舉事。由此可知，宋朝丟失大片國土之際，在民間，其實還有為數不少的義士、老百姓有強烈的抗元復宋意願，只是這樣的愛國火花，在陳宜中、張世傑等人領導的南宋朝廷之下，一直無法燃燒成熊熊烈焰，但是現在碰到文天祥可就大不同了，從文天祥的冤屈被洗清後，百姓們體會到了文天祥令人敬畏的忠勇愛國之心，對於他一路奮起抗元的意志與行動，不但是衷心佩服，而且紛紛以行動展現響應歸附的心意。文天祥，已經成為民間抗元行動的精神標竿，他的存在，對於宋朝的老百姓起著莫大的鼓舞

作用。

　　在當時，不僅張哲齋主動前來商討聚兵抗元之事，文天祥以前的舊部屬，聞聽文天祥安然歸來的消息，也都從各地前來相迎，各地的義軍，也紛紛起來響應。若能將這些人的力量聚合在一起，再圖復興，將不再是遙不可及的夢想。

　　端宗年紀幼小，非常信任擁有重兵的張世傑，因此當時的朝政決定大權，幾乎都操在張世傑之手，陳宜中影響決策的能力已相當微小了。可是，張世傑雖然也算一位忠臣，但他主導下的朝廷，重視的不是舉兵收復失土，而是如何安身立命，因此，當文天祥想至永嘉聚兵、圖謀北進時，張世傑卻希望文天祥到南邊的廣州建府。沒想到廣州不久後舉城降元，不得已，才同意讓文天祥到南劍開府聚兵。

13

重新聚兵

　　端宗即位後不久，因為淮西制置使夏貴投降，李庭芝的揚州城也守不住了。趁著新皇帝加封自己為「少保左丞相」的時機，李庭芝將揚州城交給屬下朱煥看守，自己與部下姜才率八千兵突圍前往泰州。哪知才離開揚州城不久，朱煥就把城獻給了元兵，李庭芝與姜才也被捕了。

　　李庭芝死守揚州城，主要是因為身邊有個姜才不斷的鼓勵督促，他們被捕後，元軍大罵李庭芝:「為了你一個人不肯投降，損失了我們多少將領兵士……」一旁被綑綁的姜才聞言跳起來罵：「不肯投降的就我姜才一人，你們要殺便殺、要剮便剮，別在一旁囉唆！」

　　元人大怒，將姜才推出去用

尖刀剮了，途中姜才恰巧遇見了投降的夏貴，他瞪大了眼睛對著夏貴「呸！」了一聲:「今天你有臉見我姜才，改天你拿什麼臉見你祖宗！」夏貴低下頭不敢作聲。當天，姜才與李庭芝一同被處決。淮西、淮東正式淪陷。

那一頭被元兵掃蕩乾淨，這一頭，文天祥正要在南劍聚兵。南劍聚兵的消息一傳開，對天下豪傑之士不啻是一劑重大的強心針，愛國的人民紛紛趕赴南劍，重新凝聚抗元的力量。

參加舉兵的除了杜滸、呂武等老同志外，還加入了鞏信、趙時賞、陳龍復等人，文天祥並分派各人，分別前往台州、溫州、廣東等地募糧聚兵，文天祥打算結合台州、溫州、江淮等各路的力量，連兵大舉。文天祥這次的聚兵，比起先前在江西起義的那一次，聲勢更為浩大，可是，圖

謀復興的計畫，卻再度落空。

元兵挾著勝利的餘威，繼續向南挺進。北兵分為三路，直叩端宗皇帝所在的福州。朝廷一面驚慌不已，一面下旨命令文天祥將軍隊南移至汀州。文天祥不得已，將南劍交給王積翁，把軍隊開往更偏遠、交通不便的汀州，雖然如此，他仍未放棄復興的意念，打算向江西進軍，那是他的故鄉，若能屯駐那兒，抗元的局面勢必不同。

但是，北兵一出兵福州，張世傑、陳宜中連戰都不戰，馬上準備好船隻，帶著皇帝出走到泉州，朝廷軍隊一出走，軍心大失，南劍及福州馬上失守，福建省在短短幾天內失掉了大半！

小皇帝逃難來到泉州，軍隊沒錢沒糧，竟搶掠起泉州百姓。泉州人看皇帝沒個皇帝樣，竟還縱容軍隊鬧事，有個叫蒲壽庚

的，便與元人聯絡，打算將皇帝趕出去。張世傑見情況不妙，又與陳宜中商量，決定再次出走，這次出走，要將行都移至海上！於是，泉州也失守了，皇帝則遠遁至海上，去向不明。

皇帝遠走的消息，並沒有擊倒文天祥的鬥志，他出兵收復了梅州，並在那裡跟一家老小重逢！這是文天祥被俘以來，第一次見到自己的家人，重新見到了年邁的母親、久違的妻子及子女，文天祥放下心頭一顆大石，現在，他可以沒有遺憾的向敵人發動攻勢了。

他出兵江西，在雩都大捷，會合了興國、永豐等地的軍隊，分三路攻打贛州、吉州、泰和，這次舉兵，獲得了空前的勝利，成功的收回了江西南部。湖南、廣東、福建各地的軍民，也都起來抗爭響應，元兵原本占據的地

方，現在都動搖起來了！

　　這一掀天動地的大變化，驚動了在北方的元世祖忽必烈。

14 空坑血淚

　　忽必烈不敢掉以輕心，決定加派軍隊向文天祥反撲。他派出漢將張弘範為統帥，張弘範舉用西夏人李恆為副帥，帶領大批人馬來到江州。李恆一面派兵攻打贛州、永豐、泰和等地，一方面則派出精兵，打算出其不意的偷襲文天祥屯兵所在的興國。

　　大軍壓境，文天祥打算會師永豐，與敵人殊死戰，然而，軍隊還沒有完全會合，駐守永豐的軍隊已被擊潰，李恆乘勝追擊，二路兵馬隨後追趕，要將文天祥逼上絕路，文天祥向東南的空坑撤退，他手下一位叫鞏信的，見大勢已去，奮不顧身的，帶著數十兵卒，掩護文天祥遁走。

　　這是方石嶺下的山林，北兵潮水般的湧入林中，鞏信只有數

十人的軍隊，明知以寡擊眾全無
勝算，卻打算以樹林做為掩護，
拚了死命做最後的奮戰！雖然雙
方兵力懸殊，但戰況激烈非常。
兩方兵馬殺紅了眼，屍橫遍野，
鞏信身邊的兄弟一個個倒下，到
後來只剩鞏信及寥寥數人。陽光
自樹林枝葉的間隙照下，逐漸轉
為血紅的豬肝色，風吹得枝葉沙
沙作響，鞏信瞄了一眼倒在血泊
中的兄弟們，拄著鋼刀，帶著最
後幾人，一拐一拐的走了幾步，
放下因疲累而沉重的身軀，坐在
樹林間的大石之上。一片死寂
中，他猛的站起，一抬眼，目光
閃亮如炬，架起手中的鋼刀，堅
定得宛若石像。部屬們則侍立兩
旁。

　　樹枝被風吹得搖亂不已。

　　元兵見鞏信傷痕累累，尚如
此堅定無畏，不禁驚疑起來，
「該不會背後還有伏兵吧？」在林

外俯瞰戰情的主帥李恆見狀，不敢大意，當下停止了前進的攻勢，怕中了敵人的詭計。思考一會後，李恆下令：「放箭！」

元兵聽令舉弓搭箭，霎時，箭矢如雨點般落在鞏信等人身上，密集的箭雨，幾乎遮蔽了血紅的天色……箭雨過後，西沉的太陽轉為絢麗的金黃，照得地上的兵器閃閃發亮，鞏信等人，身上插滿了箭，依舊屹立在原地，挺立不倒。

夕陽的餘暉中，鞏信雕像似的，一動也不動，鋼刀握在胸前，怒目圓睜，臉上的血淚還沒乾呢！

元兵大駭，「到底死了沒？」「有沒有伏兵？」大家七嘴八舌的吵鬧了起來。李恆板起臉下令：「找個識路的樵夫去林中瞧瞧！」好一會兒，兵士回來報告了：「報告元帥，林後沒有伏兵！」

「該死！把文天祥放走了！」李恆懊惱不已：「還不給我追！」

因著鞏信的捨身救命，暫時保住了文天祥一條性命，也留住了南宋人民的希望。

李恆的大軍仍是窮追不捨。

這一頭，文天祥卻是走得極慢。為什麼？

愛民如子的文天祥，讓先鋒部隊帶著母親走最前頭，百姓在中間，自己與家人則殿後。百姓走得慢，前進的速度自然加快不了。很快的，元兵就追上來了。

走到了一個小村落，軍士們倒地休息。半夜，忽聞騎兵蹄聲，文天祥急忙取道山中小路脫逃，山中路徑狹窄，百姓壅塞其間，一時間竟難以動彈，眼看追兵就在後面……突然，一塊巨石由山頭落下，「轟隆」一聲巨響，霎時有如天崩地裂，這塊大石成功的擋住了追兵的去路，元

兵們撬不動這塊大石，只得空自握拳忿恨，趕忙取道別條路徑繼續追趕。這塊大石，解救了文天祥暫時的危難，有人說是天意，但毋寧說是老百姓為解救文天祥而故意推下的。

文天祥一行馬不停蹄的趕路，但兵荒馬亂之中，很快的，又聽到了元軍的喧鬧聲。忽然，元軍攔下了一頂轎子，「出來！裡面的人是誰？報上名來！」元兵大喝。

「我姓文。你問我做什麼？」轎中傳出沉穩的聲音。

「你姓文？那一定是文天祥。快抓回去請賞！」元兵們蜂擁而上，擒住了轎中之人。

這人究竟是誰？他不是文天祥，而是趙時賞。他面貌跟文天祥相似，為了讓文天祥順利脫逃，不得已出此下策，冒充文天祥，替文天祥爭取脫逃的時間。

　　「帶上來！」元人開始審問趙時賞。被帶到元兵將領的面前，趙時賞的詭計一便被識破了。「這人不是文天祥！說！你是何人？竟敢冒充文天祥！」

　　趙時賞仰身大笑:「在下雖然不是文天祥，但在宋朝也算是個不小的官了。你們抓住了我，要殺便殺吧！」趙時賞停了停，抬眼望了望站在兩旁，被元兵俘虜的宋營同袍們，又道:「這些人不過是我手下替我提水燒柴的，你們只抓到這些小嘍囉，殺了他們又有何用？」趙時賞故意這麼說，意圖解救這些被抓的同袍。

　　元將半信半疑，「先放了他們，再提別人上來！」

　　「這些人你可認識？」元兵又押了一群人上來。看來，同袍被捕的還真不少。有些人一看到趙時賞，正要叫出聲，馬上被趙時賞瞪了一眼:「你是什麼人？我根

本就不認得你，別自抬身價了！」

元兵又押了幾人上來。「那這些人呢?」被提上堂來的正是劉洙父子，劉洙是文天祥的好友，現在也一被抓來了。劉洙見了趙時賞，老淚縱橫，趙時賞又說了：「鄉下老頭，我不認得你！」

元將大怒:「難道我們辛苦了半天，只抓到一些老百姓？你這人不說實話，給我推出去斬了！」他重重拍了一下桌子，下令:「全部拖出去斬了，一個也不留！」

二十多位義士們殉難了，文天祥的妻小們，也在這次戰役中被活捉了。空坑之役，雖未大捷，但他們以血淚寫下的壯烈事蹟，卻足以令後人憑弔再三。宋人抗元的行動並未因此苦難而宣告結束，在這之後，有更多的愛國志士，前仆後繼的，奉獻著自己的鮮血，繼續為國奮鬥。

15

海豐被俘

　　端宗的小朝廷在海上流亡，偶爾尋個小據點停留。他們從南隩遷到秀山，再由秀山移至井隩。海上漂流的日子，小皇帝哪裡承受得了？一日遇著大風浪，船隻顛簸得厲害，船上人員無不昏眩嘔吐，小皇帝不過是個孩子，滾了一夜，便哭哭啼啼吵著要下船。陳宜中獻計說，由他先到占城了解當地情況並安排一下，看是否能將小皇帝接來。於是陳宜中去了占城，卻也從此消聲匿跡了。

　　文天祥從空坑逃出來後，一直尋覓著端宗皇帝，另一方面，元軍也派人搜索端宗的下落。沒多久，端宗皇帝因受不了海上飄泊的生活，病得嚴重，到了碙川後，便夭亡了。張世傑與陸秀夫

商議著，不可讓宋朝子嗣斷絕，便擁護廣王趙昺為皇帝，號為「祥興帝」（1278年）。

這個皇帝也只是個八歲的小孩子，即位後，封陸秀夫為左丞相，張世傑為右丞相加封少傅。小朝廷新立了皇帝，張世傑想找個更安全的據點，他在海上尋尋覓覓，終於在廣東外海距岸邊八十多里處，尋到了一個小島嶼，叫作「厓山」。厓山前面有兩個小島，有海灣、山嶺、平原、草地，張世傑覺得這是個好地點，於是奏請皇帝將行朝遷移至此，並大興土木建造宮室、兵營，看來是要在此久住了。

文天祥聽聞了廣王趙昺即位的事，想趁此機會覲見皇帝，順便商談軍機大事，他派了杜滸先往厓山傳達覲見之意，自己留下來經營潮州。可是他提出的入覲請求，卻被張世傑一口回絕了。

張世傑以文天祥經營潮州，不好隨便移動為由，不讓文天祥前來，文天祥想與張世傑合作的願望，又落空了。

一方面，此時的南宋已是窮途末路，亡命海上孤島，張弘範率領的元兵更是緊追不捨。此時張弘範首要之務，便是捉到在潮州的文天祥。張弘範進軍潮州，文天祥不敵，退至海豐，打算再作圖謀。張弘範再度進逼，與海盜聯手，打聽了文天祥駐紮的地方，並假扮成鄉人模樣，趁兵士們燒飯休息時，一舉進攻。

宋兵抵擋不及，全數潰退，文天祥的屬下奮起猛戰，終究仍是寡不敵眾。追兵源源不斷猛進，宋兵節節敗退，沒多久，戰場便處處橫屍了。元軍收拾戰局，繼續追捕文天祥，文天祥逃入山中，望見追兵隨後而至，心想，前數次因著兄弟們的捨身相

救，苟延殘喘至此，今日這情勢，看來是走脫不得了！便吞下一種名叫「腦子」的毒藥，打算自盡。「腦子」這種毒，吞入肚中後須再喝水下肚，毒性方能發作，元兵抓住了文天祥，打算回去跟張弘範請賞，文天祥假稱自己口渴，要元兵給水喝，元兵不耐，指了地上的黃土水叫文天祥喝下。文天祥捧了積水吞下肚，一時腸絞肚疼，冷汗直冒，藥性發作了！卻沒料到，嘔吐腹瀉了一陣之後，居然精神大好，原本昏沉的頭腦也不昏了，「腦子」沒毒死文天祥。

自盡不成的文天祥，被帶到張弘範的帳下。

「文天祥，因為你的抵抗，使得我朝的大業延宕至今。你今天跪下給咱們磕個頭，道個歉，算是給我們這一路辛苦賠個禮。你要是肯投降我朝，我保證在皇

上面前替你說話，不但沒有性命之憂，還保你加官晉爵。你肯是不肯？」

「文某只向大宋王朝盡忠，對大宋之外的國家，行拱手之禮也就罷了，要我下跪磕頭，是萬萬做不到；至於投降，那就更不用提了。既然已為階下囚，文某也不貪圖別的，就請賜我一死，其餘的，就不勞先生口舌了。」

「投降的事，見了皇上，自會有所發落。你既知已為階下之囚，竟連磕頭之禮都不行嗎？」

「笑話，那日文某代表宋朝會見伯顏，也不過行拱手之禮。你不過是他跟前的手下，怎麼見了你反而要跪下？」

這話講得令張弘範既忿怒又羞愧。張弘範轉念一想，文天祥名氣甚大，殺了他，反成全了他忠臣的名氣，也失了元朝的王者風範，上頭也交代務必留住他的

性命，自然萬萬殺不得。當下立即臉上堆滿了笑，改口道：「文大人說哪裡話來？在下不過是跟文大人開個玩笑，怎麼就當起真來了呢？您來這裡，就是客人，在下自當盡主人之誼好好招待您。」轉頭吩咐左右道：「來啊！快給文大人收拾客房。」再對文天祥恭恭敬敬的說道：「文大人想必餓了，在下準備了一點清淡酒菜，請慢慢享用吧。」

文天祥依舊不理不睬。

張弘範道：「文大人千萬別客氣。這就請隨著我的人到您的房間歇息吧！」趁著左右之人將文天祥帶下去時，再叫過身邊侍衛，低聲吩咐道：「給我小心看管，防備他自盡。不許他有個三長兩短，明白了嗎？」左右的人應了一聲，下去了。

張弘範在大廳來回踱著步。現在抓到文天祥了，這可是大功

一件，但是眼前還必須一鼓作氣，把厓山這個奄奄一息的海上王朝給徹底瓦解，這才解了元朝心腹之患。依目前的情勢，要拿下厓山，張弘範有六成的把握，但是動武前還是先招降吧！找誰去勸說張世傑投降呢？

張弘範沉思了一會，叫來了李恆：「你過幾日去看看文天祥，言談之間，要他幫我們寫封書信去勸勸張世傑，叫他不要浪費兵力作無用的掙扎，還是早日投降為妙。」

李恆有點遲疑：「這個……元帥，在下是可以去轉告文天祥這件事，不過，看他這個樣子，要他去招降張世傑，恐怕不大可能吧！」

張弘範怒道：「叫你去做，就是要你想個法子說服他。張世傑若肯早日降了，也省了我們的力氣。」

　　李恆不敢再推辭，連聲答應後便退出帳營。

　　這日，李恆來到文天祥的住所。文天祥正在寫字，他把這些日子以來壯志未酬的心胸、抱負與不住的感嘆，吟詠成一篇篇的詩歌。

　　李恆上前拱手道：「文大人您好！今日有此雅興吟詩寫字，在下恰好來看望您，能欣賞到狀元宰相的奇詩妙文，幸甚！幸甚！」

　　文天祥繼續寫著字，連頭也不抬，答道：「這些客氣話就省了吧，有什麼話，請直說。」

　　李恆碰了個釘子，只得尷尬的笑了笑，賠著笑臉小聲說道：「是這樣的，張元帥要我來跟大人您討篇文章，是要給張世傑的。」

　　文天祥心頭一痛，看來張弘範即日便要攻打厓山了。他忍住悲痛，問道：「要我寫信給張世傑

做什麼？」

「這個……這個……」李恆搓著雙手，剛才碰了個大釘子，這會兒，「招降」二字硬是說不出口。

文天祥嘆了口氣，「我明白了。」提起筆即刻揮就了一首七律：「辛苦遭逢起一經，干戈落落四周星。山河破碎風拋絮，身世飄搖雨打萍。皇恐灘頭說皇恐，零丁洋裡嘆零丁。人生自古誰無死，留取丹心照汗青。」

寫畢，將紙捲起，對李恆道：「你就拿這個交給你的元帥吧！說文天祥才疏學淺，再寫不出別的了。」

李恆望著詩末兩句：「人生自古誰無死，留取丹心照汗青。」*

放大鏡 ＊「汗青」就是「史冊」的意思。「丹心」指的是報國的赤膽忠心。「人生自古誰無死，留取丹心照汗青」兩句，意思是：自古至今，誰能免去一死呢？不如將一片忠心留存於史冊吧。

眼都發直了，這是鼓勵張世傑以死報國、留名青史，張世傑看到這首詩，會投降才真是天下怪事！正要開口再說，馬上被文天祥打斷：「閣下請勿再言，文某就是此詩，別的不會作。」

眼見沒什麼可說了，李恆只好訕訕的拿著這首〈過零丁洋〉詩回去交差。

張弘範讀完此詩後，先是大怒：「這是什麼招降詩？簡直不把我們放在眼裡！丟了它！」但一方面又感動於文天祥臨難不變節的高尚人格，於是過一會兒又彎腰撿起，再誦讀了一次後兩句：「人生自古誰無死，留取丹心照汗青。」最後不由得衷心的讚嘆：「好詩！好句！好人！」從此對文天祥更添敬重。文天祥的正氣不但感動了宋朝百姓，更震撼了敵軍。

對文天祥的敬重是一回事，元世祖交代下來的事還是得做

好。張弘範派出了一些奸細混入張世傑的水軍中，伺機釋放不利的消息來打擊南宋的士氣，預備等張世傑的軍隊撐不下去時，再發兵攻打。

16

決戰厓山

　　約莫半個月後，張弘範得知張世傑的水軍因久居海上，儲存的淡水幾乎用盡了，飲水出了問題，兵士們的身體很難支持，愈發想著登上陸地去。張弘範見是出戰的時候了，將文天祥帶在船上，出發前往厓山。因此，文天祥幾乎全程目睹了宋、元二軍的交戰實況。

　　先來看看張世傑打算怎麼打這場戰役。張世傑將行朝移至厓山。起先有人向張世傑建言：「厓山資源有限，如何養得活這麼多人員、兵士？我們應該攻下個海口，成為我們的物資供應及轉運站，才是長久之計。」這個提議卻沒被張世傑採納，張世傑的理由是：「我們可以同時靠不同的海口供應糧食，不需要攻占特定的海

口，再說，攻下據點勢必得分兵去駐紮，到時敵人乘虛而入攻打厓山，反是本末倒置了。不如現在全力防守厓山，與張弘範來個決一死戰，待打敗張弘範的軍隊，再圖進軍到陸地上。」言下之意，是打算死守厓山了。

張世傑的軍隊當然也有他的優勢，他擁有十多萬的兵力，還採購了多艘大戰艦；而張弘範率領的北兵，本就不習慣水戰，他們的船也多是小船，在軍力及戰鬥經驗上，張世傑的水師是占著上風的。也因此，張世傑採取嚴密防守的策略。

他將幾千艘戰艦連成一直線，用粗繩串連起來，成為「一字陣」，用來抵禦敵人的侵襲。陸上的民房、宮舍則全都燒毀，行朝已移到海上的大軍營，海上的大船，儼然成了小小的浮島，船島上承載著小小的南宋朝廷。

　　張弘範率領的水軍，發動了幾次攻勢，始終攻不破張世傑嚴密的「一字陣」。後來，張弘範乾脆採取以逸待勞的策略，鎮日守在厓山小島之旁徘徊，也不出兵攻擊。日子久了，南宋的水上行朝也禁不起潮浪的晃蕩，兵士們喝不到淡水、吃不到新鮮的食物，作戰士氣逐日低落。同樣是等待，張弘範在等待漲潮時分，等待出擊的好時刻；而張世傑的水軍，卻是在等待彈盡糧絕的一刻到來。

　　二月六日，潮水大漲，張弘範把握時機大舉進攻，以炮火和箭矢猛烈攻擊張世傑的船隻，當日天氣昏暗、風雨交加，宋軍在十幾日的等待後，已逐漸喪失警覺性，等炮聲響起再作反應，已讓敵人搶了先機。張世傑率領水師拼死抵抗，但依舊擋不住張弘範的攻勢，「一字陣」在炮聲隆

隆下出現了缺口，大勢已去！

張世傑趕忙帶著一支水軍殺出重圍，想趕去救駕，但卻始終接近不了皇帝所在的大船，不得已，只得先帶著十幾隻戰船，退回厓山邊。

而陸秀夫則奔上了皇帝所在的大船，他見皇帝的大船與其他船隻緊緊連結，無法獨自航行逃走，陸秀夫知道局面已無法挽回，風雨中，他將妻子趕到船邊，喊道：「寧可自殺而死，也不要做北人的俘虜！」妻子滑入海中，慘叫著：「相公！相公！」陸秀夫像是沒了感情，不會哭也不會笑了，他對妻子喊道：「妳先去，我馬上就來！」

陸秀夫看著全家都已投入海中，毅然轉身去尋找小皇帝。剛毅沉痛的臉上寫著堅定：「國事到了這個地步，陛下應當捨身為國殉難。恭帝在臨安被俘，宮室悽

慘，已為誤國，陛下不好再誤！」小皇帝聽不十分明白，但被陸秀夫嚴肅的臉色嚇得哇哇大哭，陸秀夫沉痛的背起小皇帝，在漫天風浪中，跳入海中……風浪陡起，將他們捲入深沉陰暗的海底。

張世傑的水軍全數潰散，南宋到此徹底滅亡。

事後，張弘範派人檢點戰場，海上浮屍有十餘萬人。十餘萬的生命寫出了戰況的慘烈。文武官員、官眷及士兵，他們或奮戰、或投海，一同伴隨著南宋王朝，淹沒在南方的海中。

文天祥得知後傷心欲裂，慟哭不已。

張世傑呢？他帶著十數隻船，先找到了小皇帝的母親楊太妃，表示要先找個安全的地方躲藏，再立個新的皇帝。楊太妃哭著道：「飄泊的艱辛，一路上的風

霜我都忍下來了，只為了保存趙家的一點骨血，現在什麼都沒了，我還逃什麼呢！」過沒多久，楊太妃便也投海自盡了。

　　張世傑帶著一行人再度在海上漂流。到了南恩縣的港口，又遇著大風浪，陰沉沉的天空、無止息的風浪，船上的人顛簸著盡力要把船穩住。突然，張世傑一聲大吼：「不用了！拿一瓣香來！」

　　他站在船首，手持香柱，仰天長嘯：「我為了保存趙氏社稷，已經努力到了這個地步，死了一個皇帝，我們再立一個，現在連一個皇帝也沒了！我之所以苟活到現在，是想再尋一個趙氏的宗祀，現在老天這樣對我，莫非是天意如此？」風浪續作不止，海風的呼嘯幾乎掩蓋了張世傑的呼喊，洶湧的海浪捲了過來……張世傑大呼：「天啊！天啊！如果這是天意，就請祢取了我的性命去

吧！」颶風狂吹，彷彿到了世界的盡頭，迎面一個大浪，黑壓壓的直撲船身，船被捲起，張世傑墜入水中，船翻了身，船上人員全數落入海中，只留著孤零零的小船，空盪盪的浮在海面⋯⋯

17 重見舊友
萬里行役

　　宋朝已亡，在張弘範的軍帳裡，正笙歌酒宴，大肆慶祝。

　　張弘範向文天祥舉杯：「現在宋朝已亡，你為國盡忠之事也應到此為止了。如果你能改變想法，用事奉宋朝的忠心來事奉大元，相信我大元皇上，一定會任用你作我朝的宰相。」

　　文天祥聽到此話不由得掉下淚來，但隨即正色答道：「國家淪亡，身為臣子，不能救亡圖存，已是罪該萬死，哪裡還能去想為了自己活命來背叛國家的事？我是盡對國家的忠義，不會以個人的存亡改變我的心意，而且，只要此心不死，宋朝還是永遠在我心中。」

　　這話講得正氣凜然，在座的元人聞言都受了感動，不再吭

聲，而那些背叛國家投靠元朝的漢人將領，聽了此話，莫不臉紅耳熱，個個低下頭去，再不敢看文天祥一眼。

張弘範寫奏章向忽必烈報告厓山的戰況，並提到國家新立，應優待忠義之人，作為模範，因此保奏不殺文天祥。沒多久，皇帝的批旨下來了：「各國都該有自己的忠臣，文天祥是個了不起的忠臣，該好好對待。特令將文天祥送到燕京來。」於是文天祥踏上了萬里行役之途，被送往燕京。

張弘範感於文天祥的忠義，對他相當禮遇，在出發之前，准許文天祥自由會見親友。會見的眾多親友中，最令文天祥感慨的是杜滸。

杜滸自從被文天祥派往厓山，便被張世傑留在厓山，沒再讓他回去。後來厓山一役，杜滸泅水逃出，隻身一人流亡至廣

州，也病了幾回。此時厓山戰役已過、宋朝已亡，兩位知交老友見面，心情已大不同於以往了。

見了面，回想這一路走來的一切，兩人心中都是五味雜陳，心情翻湧得厲害，一時竟說不出話來，只是含著熱淚怔望。

經過慘烈的厓山一役，杜滸老了，也消沉了。文天祥都看在眼裡。但他不知道如何安慰面前的老友，也不知道如何撫平自己憂傷的心。看著杜滸拖著疲憊的步伐、及因病孱弱的身軀，慢慢步出了大門，文天祥心裡明白這一別將是永遠。之後，杜滸大病不癒，不久就過世了。

而文天祥則踏上了往燕京的路途。

這是一趟遙遠的路程，文天祥一路的苦悶，全寫在他的詩文裡。到了文天祥的家鄉江西，看守的士兵深怕江西鄉人來劫走文

天祥，替文天祥加了重重的鐵鍊枷鎖，遭受這樣的屈辱，文天祥沒吭氣，但他開始絕食。他一心求死，他估計不出七、八日即能達成，此時應該尚未走出江西境內。他想死在自己的家鄉！八日過去了，文天祥卻沒死，他想，一般人絕食七、八日必亡，何以自己無事？莫非老天要留著他這條性命，另有用途嗎？希望重新燃起，他又開始進食了。

從南方到燕京的路途是漫長的，文天祥藉這次機會做了一次國土巡禮，只是，山河依舊，卻已改朝換代了。眼看山河破碎、人民哀號，長長的一次遠行，對文天祥只是平添傷心。十月，他終於抵達燕京。

18 碧血丹心
正氣永存

　　文天祥來到燕京，起先元朝安排他住在接待宋朝降官的「會同館」中，但後來「會同館」聽說文天祥不是來投降的，拒絕接納他，不久，才讓他在另一處偏僻的小屋住下。來到元人的首都，文天祥拒絕吃喝元人送來的食物，才四天，他就病倒了。這期間，有不少住在燕京的舊識都來勸他，但他仍舊不為所動。不吃飯，怎麼活呢？幸好有一個叫張弘毅的，以前與文天祥便相識，雖來往並不密切，但在文天祥被送往燕京的途中，他特地趕赴吉州與文天祥相見，且從那時起便一路追隨文天祥，陪著他來到燕京。

　　他說，文天祥起兵時聲名顯赫，天下應召者眾，不差他這一

人，但現在，他願意陪文天祥走這一程。文天祥不吃元人的飯食，吃宋人做的飯總是可以。就這樣，張弘毅每天做飯給文天祥吃，陪他說話，數年如一日，有始有終的陪文天祥走完他生命的最後一程。

剛到燕京時，不斷有人前來文天祥住的小宅勸降。因為文天祥是宋朝忠義的標竿、百姓心中的依歸，若是文天祥也投降了，元朝大可放心的穩坐江山了。

元朝先找來文天祥的家人打算動之以情；沒有用。再找來了南宋之前的左丞相留夢炎，留夢炎與文天祥一樣，也是狀元宰相出身，元朝想利用這點說動文天祥，但文天祥如何看得起留夢炎先是棄國出走、後是投降元朝的行徑？留夢炎被文天祥大聲斥喝了回去，連說話的機會都沒有。再請來已投降成為元朝「瀛國

公」的恭帝，想用「君臣之誼」來命令文天祥；但文天祥見到恭帝，下拜朝見，並請求皇帝想法子回到江南，再圖復興。

最後元朝出動了宰相阿合馬，打算威之以勢。阿合馬見了文天祥，直接坐下道：「你可知我是誰？」文天祥道：「剛才聽下人稟報是宰相到此。」阿合馬道：「既知我是宰相，何以不跪？」文天祥道：「南朝宰相見北朝宰相，為何要跪？」阿合馬答不出話來，不甘示弱的再問：「你何以到今日這般悽慘的地步？」文天祥答道：「若南朝早用我為相，今日情勢恐怕大不相同。」阿合馬惱了，大聲道：「你可知你的生死操在我的手裡？」文天祥不疾不徐回答：「我乃亡國之臣，要殺便殺，說這些做什麼？」阿合馬的勸降，自然還是失敗。

勸降不成，元朝大臣們商量

著對策。「給他點苦頭吃吃，看他還倔不倔得起來！哼！」於是，文天祥被關到一間狹窄的土室，並銬上刑具，外頭看守得密不透風，也不讓張弘毅去幫文天祥做飯了。土室十分狹窄，只有一扇矮門，陽光是難得一見的；冬天冷得如冰窖，夏天又燠熱潮溼，不時還有泥水帶著垃圾竄流進來，積水終日難退，滿室都是潮溼的霉味；又有廁所、腐屍、死老鼠，各種氣味交雜在一起；文天祥的身上，長起了小小的蝨子，頭髮和鬍鬚，也因長年的營養不良而掉落；不久，身上長了癩瘡了……

這樣拘禁了幾個月，元朝以為文天祥的態度總該軟化了，又把他提領出來盤問，再次強押文天祥跪下。文天祥被數名衙役重重壓著，虛弱的身體卻不知哪來的力量硬要站起，要是哪一個衙

役手酸了稍一鬆手，便會看到文天祥掙扎著起身。元相博羅又驚又怒，再問道：「到了今天，你有沒有話要說？」文天祥答得乾脆：「國家興亡乃天下常有之事，將相因戰敗而遭誅，哪一個朝代沒有呢？我只求速死，以盡忠於宋朝社稷。」

博羅再問：「只有這些話嗎？」文天祥再道：「我為宋朝宰相，國亡，臣當死，哪有什麼好再說的？」博羅簡直氣炸了，但也拿文天祥沒辦法，只得又把他送回土牢了。

為著留下文天祥給天下做一個忠臣範本，為著忽必烈愛才，為著元朝的好名聲，忽必烈硬是不殺文天祥。而文天祥這一關，便是三年之久。三年來，他一直生活在小土室那樣惡劣不堪的環境中。文天祥怎麼抵禦室中的穢氣？怎麼排遣每日的孤寂？文章

是他最好的朋友。即使在這樣艱苦的環境，他仍時時讀書不輟，並將他的思想化作文字，留下了一首首詩歌、一篇篇文章。＊

日復一日，文天祥的身體愈來愈虛弱，兩眼也昏花看不清了，但是，他依舊挺直了背脊坐在土室中，始終面不朝北，表達自己一心向南的忠心。

三年過去了，忽必烈失去了耐性，再加上有人在他面前進讒言，於是一日，忽必烈提訊文天祥。元世祖問：「你若以事奉宋朝的忠心事奉我朝，就讓你當宰

放大鏡

＊著名的〈正氣歌〉便是此時寫下的。〈正氣歌〉開頭曰：「天地有正氣，雜然賦流形；下則為河嶽，上則為日星；於人曰浩然，沛乎塞蒼冥。」「浩然正氣」，便是文天祥用來抵禦惡劣環境的法寶。他說：「鼎鑊甘如飴，求之不可得。」國家滅亡、求死不能的痛苦，文天祥承受下來了。最後他寫道：「悠悠我心悲，蒼天曷有極？哲人日已遠，典型在夙昔。風簷展書讀，古道照顏色。」意思是：憂心忡忡，心中有無限悲傷，就像那無邊無際的蒼天一樣。賢能的哲人已經日漸遙遠，但留下了昔日的光輝榜樣。在屋簷下潛心研讀史冊，感到古人的節操閃耀著光芒，映照在今人的臉上。

相。你意下如何?」文天祥拒絕了。忽必烈再問:「不當宰相,讓你當樞密如何?」文天祥回答:「除了一死,沒有什麼好做的。」

有人極力上奏:「文天祥一心想死,就讓他死吧,留下來也是後患。」忽必烈無奈之下,竟答應了。

行刑當天,文天祥神色自若的在衣帶上留下絕筆文字:「孔子教人要成就仁德,孟子教人要奉義而行,正因做到了『義』,所以也達到了『仁』的境界。讀了許多的聖賢經書,學到的是什麼呢?無非就是仁、義二字罷了。從今而後,我大概可以沒有愧咎了!」對文天祥來說,成仁取義,是他一生奉行之道,今日求仁得仁,所以無愧於心了。行刑前,文天祥只說了:「我該做的事今日總算完成了。」並向南邊跪拜再三,而後壯烈殉國。

　　下令問斬文天祥後不久，忽必烈後悔了，傳令停止行刑，但當使者趕到刑場時，文天祥已從容就義了。

　　文天祥從容就義的事蹟，迅速傳遍了整個燕京城，也逐漸傳到民間的各個角落。聽聞此事的百姓，沒有不痛哭失聲的。文天祥的故事，不止息的繼續被傳唱著；他的正氣，不但載於史冊，更永存於每個人的心中。

　　※　　　　※　　　　※　　　　※

　　「文天祥的故事說完了！」表姐長長呼了一口氣，換了個輕鬆的坐姿。筱芳還兀自出神。

　　「筱芳！筱芳！」表姐喚了筱芳兩聲，接著道：「怎麼啦？故事太長，聽累了嗎？」

　　「是有點累啦！」筱芳回答。低下頭理了理衣服，又抬頭道：「不過，表姐，文天祥真的很偉大耶！」筱芳說得慎重，一字一字

從口中吐出。

「是啊！」表姐露出讚許的表情，「他的一生，一直在為南宋做最後的抗爭，南宋最後還是亡國了，但，筱芳，妳覺得這代表文天祥的一生是全盤失敗的嗎？」

「我不這麼認為。」筱芳搖頭道：「我覺得，能屢敗屢戰，正是文天祥最了不起的地方。他真的很有毅力耶，環境那麼艱苦，幾乎是窮途末路了，他卻絲毫不動搖，一般人碰到了小挫折，恐怕就撐不下去了，更何況是生死交關的大事呢？我真的佩服他。」

表姐笑了。「筱芳，妳說得很好。妳知道嗎？孟子有一句話說：『雖千萬人吾往矣！』意思是，即使千萬人都與我反向而行，我依舊堅持自己該走的道路。我覺得這句話正是文天祥的寫照。」

「雖千萬人吾往矣……」筱芳重複念著。「姐，這句話說得

真好。」

「所以囉，是什麼支持著文天祥奮戰到最後？就是這種對『心中的道』的信仰與堅持吧！人啊，只要對任何事物秉持堅定的信念，就是一種成功，我們又怎麼可以因為他抗元失敗，就說他是個失敗的人呢？」

「表姐我懂，」筱芳點點頭，「這叫做『不以成敗論英雄』，就憑他這股堅毅不屈的正氣，他就是我心目中的大英雄。」

「筱芳果然是聰明又懂事的好孩子喲！行啦，時間不早了，我們趕快回去跟媽媽她們會合吧！」

筱芳指了指文天祥的塑像，說：「嗯，等等喔，我跟他講句話再走。」筱芳恭恭敬敬的站在塑像面前，雙手合十，在心中默禱：「偉大的文天祥伯伯，您的生平事蹟我大概曉得了，您真是我心

目中的英雄。我會永遠記得您帶給我們的感動，並且一定還會再來看您。」筱芳彎身在路旁摘了一朵朱紅色的小花，放到文天祥塑像之前，用一塊小石頭壓著，不讓風吹跑。筱芳繼續對塑像道：「這花是送給您的，希望您笑納！」

一陣風吹起，朱紅的花瓣微微擺動著，在陽光照射下散發出柔和鮮潤的光澤。筱芳與表姐步下了階梯。回頭再看一眼塑像，碧綠的山林中，塑像依舊屹立不搖。

彷彿是樹影山光造成的錯覺，筱芳依稀瞧見了，文天祥塑像的臉上，正綻放著微微笑意。

1236 年	誕生於吉州廬陵縣（在現在的江西吉安）。原名雲孫。
1241 年	開始跟隨父親文儀讀書。
1255 年	入白鷺洲書院求學。同年與弟弟文璧同榜中舉郡貢士。改以天祥為名。
1256 年	中進士。五月，宋理宗於集英殿親自拔擢為第一。父親文儀病逝於旅社。
1259～75 年	歷任海軍節度判官廳公事、刑部郎官、知贛州等。
1275 年	元軍大舉進攻宋朝。文天祥捐獻家資、號召天下英豪，起兵勤王。

1276 年	出任右丞相，出使元營與伯顏談判，被扣留。北送途中脫逃，至南劍州，都督諸路軍馬抗元。
1278 年	被蒙古漢軍元帥張弘範所執，服毒自殺卻不死。
1279 年	被送往燕京，途中絕食八日，卻安然無事。十月抵達燕京，元人對待如上賓。元世祖愛才，想要招降，遭拒絕。
1281 年	被囚於矮小囚室，卻處之泰然，並於獄中作〈正氣歌〉。
1282 年	從容就義。

國家圖書館出版品預行編目資料

正氣永存：文天祥／文淑菁著;胡正林繪.－－初版三
刷.－－臺北市：三民，2013
面；　公分.－－(兒童文學叢書／世紀人物100)

ISBN 978-957-14-4386-7　(平裝)

1.(宋)文天祥－傳記－通俗作品

782.8526　　　　　　　　　　　　　94023869

© 　正氣永存：文天祥

著 作 人	文淑菁
主　　編	簡　宛
繪　　者	胡正林
發 行 人	劉振強
著作財產權人	三民書局股份有限公司
發 行 所	三民書局股份有限公司
	地址　臺北市復興北路386號
	電話　(02)25006600
	郵撥帳號　0009998-5
門 市 部	(復北店)臺北市復興北路386號
	(重南店)臺北市重慶南路一段61號
出版日期	初版一刷　2006年9月
	初版三刷　2013年1月修正
編　　號	S 781220

行政院新聞局登記證局版臺業字第○二○○號

有著作權‧不准侵害

ISBN　978-957-14-4386-7　(平裝)

http://www.sanmin.com.tw　三民網路書店
※本書如有缺頁、破損或裝訂錯誤，請寄回本公司更換。